역사를 품은 여행

역사를 품은 여행

– 역사 문화유적 여행을 위한 길잡이

초판 1쇄 인쇄일 2021년 2월 26일
초판 1쇄 발행일 2021년 3월 5일

지은이 심상섭
펴낸이 양옥매

펴낸곳 도서출판 책과나무
출판등록 제2012-000376
주소 서울특별시 마포구 방울내로 79 이노빌딩 302호
대표전화 02.372.1537 **팩스** 02.372.1538
이메일 booknamu2007@naver.com
홈페이지 www.booknamu.com
ISBN 979-11-5776-443-3(03910)

역사 문화유적 여행을 위한 길잡이

역사를
품은 여행

심상섭 지음

책과나무

책
을
펴
내
면
서

 오랜 세월 문화유적을 답사하면서 사진을 담아 왔다. 그런 가운데 나의 첫 번째 책인 『역사의 흐름을 담은 사진』을 출판하게 되었다. 『역사의 흐름을 담은 사진』은 역사 학습을 어렵게 생각하는 독자들을 위해 효율적으로 역사의 흐름을 파악할 수 있도록 사진과 함께 내용을 정리한 책이다. 또 흐름을 파악하는 데 목적이 있기 때문에 핵심적인 내용을 중심으로 간략하게 서술되어 있는 것이 특징이다.

 사실 이 책을 집필하면서 더 많은 내용을 서술하고 싶었던 부분도 많았다. 하지만 이 책이 추구하고자 했던 의도를 벗어나지 않기 위해 나의 욕심은 접어야 했다. 그래서 여행자를 비롯하여 자세한 설명이 필요한 독자를 위해 나의 두 번째 책인 『역사를 품은 여행』을 준비하게 되었다.

『역사를 품은 여행』에서는 평소에 내가 알리고 싶었던 문화재 중에서 역사를 공부하는 학습자와 여행을 좋아하는 독자들에게 도움이 될 수 있는 문화유적을 중심으로 선별했다. 선별한 유적지 중에는 일반 독자들이 여행해 보지 못한 곳이나 실제로 잘 모르는 곳도 많다. 이 책을 통해 이런 문화유적과 역사적인 지식을 습득하는 기회가 될 수 있기를 기대해 본다.

『역사를 품은 여행』은 문화유적에 대해 전문가 수준의 글을 서술하기보다는, 일반적인 독자들 입장에서 편하게 읽을 수 있는 수준으로 꼭 알고 있으면 좋을 만한 내용을 담았다. 이를 위해 문화유적과 역사적인 내용에 대해 필요 이상의 내용은 과감히 생략하고 일반 독자들이 쉽게 받아들이고 이해할 수 있도록 하는 데 중점을 두었다.

예를 들어 감은사지 석탑에 대해 설명한다고 했을 때, 일반 답사기 형식으로 서술하면 다음과 같이 쓸 수 있다. '탑신부의 탑신 중에서 1층은 우주와 면석이 각각 다른 돌로 되어 있으며, 2층은 각 면이 하나의 돌로 되어 총 4장으로 구성이 되며, 3층은 전체를 하나의 돌로 만들었다. 탑신부의 옥개석은 낙수면 부분과 받침 부분이 다른 돌로 되어 있으며 각각 4장의 돌로 만들었다.'

만약 이 탑만이 가지는 특이점이라면 아무리 어려워도 서술함으로써 알고 넘어갈 수 있도록 해야 한다고 생각한다. 그런데 이 설명에서는 일반 독자들이 꼭 알아야 할 내용은 없는 듯하다. 물론 알고 있으면 좋을 수도 있겠지만, 몰라도 아무런 문제가 없다. 오히려 이런 내용 때문에 근성으로 글을 읽게 되고 문화재를 어려워하게 되는 경우를 종종 봤다. 그래서 이 책에서는 독자들이 알아야 할 일반적인 내용과 그 유물과 유적이 지니고 있는 특이점을 중심으로 서술하고자 했다.

이 책에 서술된 내용을 인용해 보면 다음과 같다. "원래 탑의 윗부분, 즉 상륜부는 화려하게 장식을 하지만 파손이 쉽다. 그래서 중간에 쇠막대기 같은 것을 세우고 상륜부에 장식을 하게 된다. 그 쇠막대기를 '찰주'라고 한다. 감은사지 3층 석탑은 어떤 이유인지는 모르지만 오랜 풍파를 겪으면서 상륜부 구조물은 모두 사라지고 찰주만 남게 된 것이다. 감은사지 3층 석탑은 우리나라 3층 석탑 중에서 가장 큰 규모로 총 높이가 13.4m이다. 이 석탑은 통일기가 시작하는 시점에서 만들어졌기 때문에 세련되지는 않지만 웅장하고 당당한 기품이 느껴져 우리나라를 대표하는 석탑이다."

이 책에서는 독자들이 구체적으로 알아야 할 부분을 제외하고는 전체적인 의미를 파악하는 데 도움이 되도록 했다.

감은사지에서 어떤 여행자를 만난 적이 있다. 이 여행자도 문화재에 대한 전문적 지식은 없지만, 문화재에 관심이 많은 일반 여행자라 책을 통해 사전에 공부를 하고자 했다고 한다. 하지만 유명한 답사기를 구입해서 읽었는데, 내용이 어려워 도대체 무슨 내용인지 알 수가 없었다고 한다. 또 필요 이상의 내용이 서술되어 있어 책의 도움을 받지 못했다고 평가했다.

이 여행자의 말이 절대적인 것은 아니겠지만, 이런 이야기를 하는 사람들을 많이 만났기 때문에 이렇게 느끼는 것이 일반적인 현상일 수도 있다고 생각한다. 그래서 나는 이런 고충을 조금이나마 해소하는 데 중점을 두고 책을 쓰게 되었다. 아무쪼록 여행자뿐만 아니라 역사 학습을 하는 독자들이 문화유적과 역사적 내용에 대해 좀 더 효율적으로 접근할 수 있으면 좋겠다.

그리고 여행자나 사진을 좋아하는 사람들을 위해 책에 실은 사진의 아랫부분에 제목과 함께 시·군 단위의 지역을 명시해 두었다. 『역사의 흐름을 담은 사진』에서 사진을 보고 소재지를 궁금해하는 독자들이 종종 있었기 때문이다. 요즈음은 검색 기능이 발달되어 있어 자세한 위치까지는 명시하지 않았다.

또 이 책은 여행을 통해 얻은 감정이나 경험을 서술한 기행문 형식은 아니다. 역사를 공부하는 학습자와 여행자에게 교과서에서 접하지 못했던 역사적 내용에 대해 좀 더 폭 넓은 지식을 전달하는 데 의미를 두고 있다.

끝으로 이 책을 통해 우리 역사와 문화유적에 대해 좀 더 친근감을 가지게 되고 또 의미 있는 역사 여행이 되기를 기대해 본다.

2021년 2월

심상섭

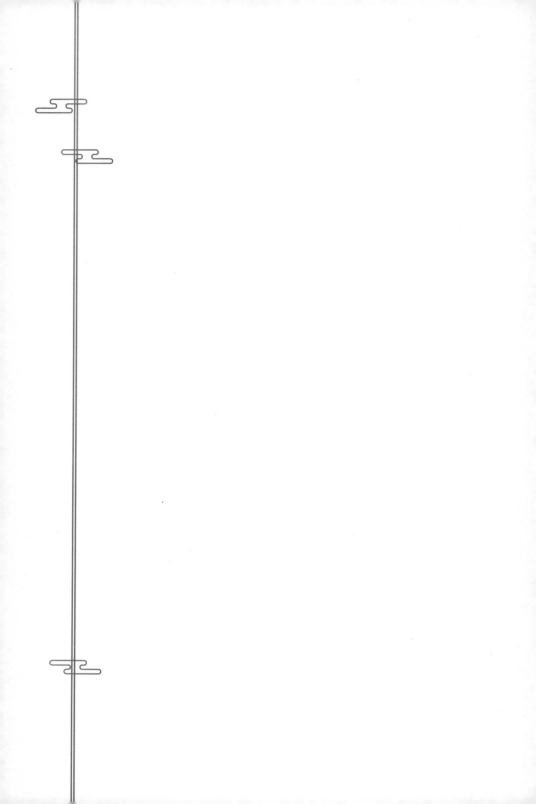

4부 아름다움 & 다크투어리즘

1부

천년의 미소

9품 만다라의
이상을 추구하는 부석사

 부석사는 소백산 줄기에 있는 천년 고찰이다. 작은 산봉우리로 본다면 봉황산에 속하지만, 큰 맥락으로 보면 태백산의 끝자락이면서 소백산의 시작점에 해당되는 절이다.

 부석사 일주문에는 '태백산 부석사'라는 현판이 걸려 있다. 소백산보다는 태백산이 우리 민족의 마음속에 더 있기 때문에 '태백산'을 붙이고 싶은 심리가 작용했을 것이라는 생각이 든다. 부석사의 산세는 봉황호란형에 속하며, 이는 봉황이 알을 품고 있는 형국을 말한다. 그래서 부석사가 있는 산이 봉황산이다.

 부석사 이름의 유래는 선묘와 관련된 설화에서 찾아볼 수 있다. 의상과 원효가 함께 당나라로 유학을 가던 중에 원효는 깨달음을 얻어 신라로 돌아오고, 의상은 한번 마음먹은 것을 멈출 수 없다 하여 홀로 계속 유학길

부석사 일주문 | 경북 영주

에 올랐다.

　의상이 661년 산둥반도 등주에 도착하여 잠시 머물렀던 집에는 선묘라는 낭자가 살고 있었다. 선묘는 의상의 모습에 반하여 흠모하기 시작했으며, 의상에게 마음을 전하려 했으나 의상은 끝내 받아들이지 않았다.

　그 후 지엄대사의 문하에서 10년간 화엄경을 공부한 의상은 화엄종을 신라에 전파하기 위해 유학을 마치고 귀국길에 올랐다. 의상이 귀국한다는 소식을 들은 선묘는 직접 지은 법복과 음식을 전해 주기 위해 선창가로 갔으나, 이미 의상이 탄 배는 저 멀리 항구를 떠나고 있었다. 선묘는 의상에게 법복이 무사히 전달되도록 마음속으로 빌면서 배를 향하여 던지니, 법복은 무사히 의상의 품 안으로 떨어졌다고 한다.

부석 | 영주 부석사   선묘각의 선묘 초상

　그리고 선묘는 의상이 무사히 귀국할 수 있도록 도움을 주기 위해 바다
의 용이 되게 해 달라고 빌면서 바다에 몸을 던졌다. 이에 선묘는 황해 바
다의 용이 되어 의상의 주위를 맴돌면서 항상 의상을 보살폈다.

　의상은 문무왕으로부터 명산대천에 화엄종을 전파하기 위한 절을 지으
라는 명을 받고 절터를 찾기 시작했다. 그러던 중 소백산 자락의 봉황산
에 도착하여 절을 지으려고 하니, 이미 이곳에 와 있던 이교도들이 크게
반발하였다. 의상이 부처님에게 어려움을 호소하자, 용이 된 선묘가 바
위로 변해 3일 동안 공중에 떠다니면서 이교도들을 향해 내리칠 듯 위협
하였다. 이에 이교도들이 겁을 먹고 달아나자, 의상은 그곳에 새 절을 짓
게 되었다.

　바위가 공중에 떠다녀서 짓게 된 절이라 하여 '부석사'라는 이름을 붙였
다. 선묘가 바위로 변한 돌을 '부석'이라 하는데, 무량수전 왼편 뒤쪽에

있다. 조선 후기 지리학자인 이중환은 부석사에 들러 부석 뒤쪽에 끈을 넣어 앞쪽으로 당기니 끈이 앞으로 나왔다고 한다. 이것은 부석이 진짜로 떠 있다는 이야기다. 정말 이 부석이 지금도 떠 있을까?

현재 부석사에서 선묘와 관련된 전설이 전하는 곳으로는 부석, 선묘각, 석룡 등이 있다. 부석사 무량수전 아래에는 절의 수호신인 석룡이 묻혀 있다. 아미타불 아래에 용머리가 묻혀 있고 절 마당 석등 아래에 꼬리가 묻혀 있다고 한다. 임진왜란 때 원정군으로 참전한 이여송이 우리나라 명산을 찾아다니면서 인재가 태어날 만한 곳마다 지맥을 끊어 놓았는데, 그 무렵 이 절에 있던 석룡의 허리가 잘렸다고 한다.

부석사는 아미타 9품 만다라의 세계를 추구하는 절이다. 건축 구조적으로는 아미타 9품 만다라의 이상을 아홉 단의 석축으로 표현하고 있다. 아미타불은 중생들이 죽으면 극락으로 인도하는 부처님이다. 그런데 극락에 왕생하는 중생들의 성품은 모두 다르다. 따라서 중생들의 성품에 맞게 설법을 해야 모두를 구제할 수 있기 때문

부석사 석등 | 경북 영주

에, 아미타불이 알맞은 설법을 위해 중생들을 9등급으로 나누었다. 아미타 9품은 먼저 상생·중생·하생 즉 3생으로 나누고, 다시 각각을 상품·중품·하품 즉 3품으로 나누니 9품이 된다.

부석사는 천왕문 영역을 지나 무량수전 마당에 이르기 전까지 9개의 석축으로 9품 만다라의 이상을 표현해 놓았다. 석축단은 크게 보면 3개의 큰 석축단으로 이루어져 있는데, 이는 3생을 의미한다. 그리고 자세히 보면 작은 석축단 3개가 모여 큰 석축단을 이루는데, 이 3개씩의 작은 석축단은 3품을 의미한다. 이렇게 총 9개의 석축단으로 이루어져 있으며, 이

것이 아미타 9품 만다라의 세계를 상징하는 구조물인 것이다.

천왕문은 속세와 부처님의 세계를 구분하는 경계가 되기 때문에, 천왕문 영역을 지나고 나서부터 9개의 석축단이 만들어져 있다. 천왕문 바로 안쪽 계단은 천왕문 영역이기 때문에, 9층 단에 포함시키지 않는다. 영역 구분을 위해서 천왕문 영역부터 9층 단이 시작되는 계단까지는 일정한 거리를 두고 있다.

3개의 큰 석축단 위에는 각각의 건물들이 배치되어 있어 3생을 구분하고 있다. 천왕문 다음에 나오는 첫 번째 큰 석축단 즉 하생단 위에는 천왕문과 비슷한 형태의 건물이 있지만, 아직은 건물 이름도 없고 내부에 구조물도 없는 상태이다. 사실 예전에는 하생단 위에는 건물이 없었지만 근래에 와서 건물을 지었다. 과연 이 건물에는 어떤 이름이 붙여질까?

하생단 | 영주 부석사

일반적으로 사찰은 일주문부터 시작된다. 일주문을 지나면 천왕문, 금강문, 범종루 등이 나오지만, 모든 사찰이 동일한 규칙을 가지고 있는 것은 아니다. 부석사에서는 천왕문과 범종루가 있기 때문에, 새로 지은 이 건물에는 금강역사를 안치하고 '금강문'이라 하거나 인왕상을 안치하고 '인왕문'이라 하면 될 것 같다. 어찌 되었든 이제 큰 석축단에는 아미타 3생을 구분하는 건물이 자리하게 된 것이다.

두 번째 큰 석축단, 즉 중생단에는 범종루가 있다. 하지만 범종루에 범종은 없고, 현재는 법고와 목어 그리고 운판이 매달려 있다. 원래 걸려 있던 부석사 범종은 19세기 태백산 사고를 지키기 위한 세금을 마련하기 위해 처분된 것으로 추정하고 있다. 범종은 지옥중생, 법고는 들짐승, 목어는 물에 사는 중생, 구름 모양으로 만든 운판은 공중에 날아다니는 중생을 제도하기 위해서 울린다.

세 번째 큰 석축단, 즉 상생단 위에는 안양루가 자리하고 있다. 계단을 올라가기 전에 안양루를 바라보면 부석사라는 현판이 보이는데, 이 글씨는 이승만 대통령의 친필이라고 한다. 그 아래에는 안양문, 마당 쪽에는 안양루라는 현판이 걸려 있는데 그것은 출입문과 누각의 기능을 동시에 가지고 있음을 상징하는 것이다. 안양은 극락을 뜻하는 말이며, 안양문은 극락으로 들어가는 문을 말한다. 안양문에서 한 단의 석축을 더 올라가면 나오는 무량수전은 극락세계, 즉 9품 만다라의 세계를 상징한다. 9품 단과 부처의 세계를 구분하기 위해서 안양문에서 한 단의 석축을 더 올라가야 부처의 세계가 나오게 된다.

그리고 천왕문을 지나면서부터 무량수전 마당까지의 돌계단은 총 108

중생단 | 영주 부석사

상생단 | 영주 부석사

안양루(계단 앞에서 본 모습)

안양루(무량수전 마당에서 본 모습)

부석사 **범종루** ㅣ 경북 영주

부석사 **안양루** ㅣ 경북 영주

계단으로 이루어져 있다. 사실 몇 년 전까지만 해도 102계단이었는데, 천
왕문 바로 안쪽에 6계단을 추가로 더 신축하면서 108계단이 되었다. 사
찰에서는 중생들이 가지는 108번뇌를 씻기 위해 기도를 하기 때문에 108
이라는 숫자에 의미를 부여한다. 그래서 부석사에서도 몇 년 전에 의도적
으로 108계단을 맞춘 것 같다.

무량수전은 부처님 중에서도 아미타불을 모시는 집이다. 아미타불은

천왕문 안쪽 계단 비교 l 공사 전(왼쪽)과 공사 후(오른쪽)

서방극락 정토에 계시면서 중생들을 구제하는 부처님이기 때문에 서쪽에
서 동쪽을 향해 앉아 있다. 그런데 부석사 무량수전 안에 모셔져 있는 부
처님은 아미타불의 모습을 하고 있는 것이 아니라 석가모니불의 수인인
항마촉지인을 하고 있다. 수인은 부처님의 손 모양을 말한다.

아미타불을 모시는 집이 무량수전이기 때문에 부석사에서는 석가모니
불의 모습을 하고 있지만 아미타불이라고 부른다. 어떤 연유에서 이렇게
되었는지는 모르지만, 원칙에서 벗어난 이런 모습도 넓은 마음을 가진 부
처님은 모두 이해해 주고 감싸 준다. 이런 너그러운 마음이 곧 부처님의
마음이다.

부석사 무량수전은 봉황산을 등지고 있기 때문에 남향집이다. 일반적
인 법당은 앞에서 볼 때 부처님이 정중앙에 앉아 있다. 그런데 부석사 무

량수전에는 앞쪽에서 봤을 때 정면에 부처님이 없고, 왼편에 앉아 있다. 남향집이기 때문에 왼편에 앉아 있어야 서쪽에서 동쪽을 바라보게 된다.

일반적인 절집의 모습과는 다른 모습으로 부처님이 앉아 있는 절집이 바로 부석사 무량수전이다. 이 때문에 석탑도 앞마당에 놓여 있는 것이 아니라, 무량수전 오른편 언덕에 놓여 있다. 이렇게 되면 부처님 앞쪽에 석탑이 놓이는 것이다. 이것은 부처님 앞쪽에 석탑을 배치하는 일반적인 원칙을 따르기 위한 것이다.

부석사 무량수전은 우리나라에서 2번째로 오래된 고려 시대 목조 건물 이다. 현존하는 고려 시대 목조 건물로는 봉정사 극락전, 부석사 무량수 전, 부석사 조사당, 수덕사 대웅전, 안변 석왕사 응진전이 있다.

　예산의 수덕사 대웅전은 고려 시대 건축물 중에서 현재 창건 연대를 확실히 알고 있는 유일한 집이다. 1934년 해체공사 때 1308년에 창건되었다는 기록이 발견되었기 때문이다. 하지만 이 집이 가장 오래된 목조 건물이라고는 말할 수 없다. 왜냐하면 부석사 무량수전이 1376년에 중건되었기 때문인데, 실제 창건 연도를 이보다 100년 이상 앞선 것으로 보는 견해가 일반적이다. 그리고 현존하는 가장 오래된 목조 건물은 봉정사 극락전으로 보고 있다. 봉정사 극락전이 건축 양식상 부석사 무량수전보다 시대적으로 앞선다고 판단하기 때문이다.

　부석사 무량수전은 장중한 외관과 함께 조화미를 지니고 있어, 현존하는 목조 건물 중에서 최고 수준의 집으로 평가되고 있다. 팔작지붕 주심포 양식으로 공포장치는 아주 간결하고 견실하게 짜여 있다. 팔작지붕은

무량수전 배흘림기둥과 공포 | 부석사

옆면에서 볼 때 팔(八)자 모양인 지붕으로 다른 지붕들에 비해 화려하다. 그래서 팔작지붕은 조선 시대 양반 가옥에서 주로 볼 수 있는 지붕 형태이다. 고려 시대는 팔작지붕의 건물이 널리 유행하던 시기는 아니다.

공포는 지붕 처마를 받치고 있는 구조물로서, 장식적 기능과 무게 하중을 분산시키는 기능을 한다. 주심포 양식은 기둥에만 공포가 있는 것을 말하고, 다심포 양식은 공포가 기둥뿐만 아니라 기둥과 기둥 사이에도 있는 것을 말하며 매우 화려한 느낌을 준다.

또 무량수전은 배흘림기둥으로 되어 있어 규모에 비해 훤칠한 느낌을 주고 있으며, 시각적으로 안정감을 주는 역할을 한다. 배흘림기둥이란

부석사 안양루 | 경북 영주

부석사 안양루와 석양 | 경북 영주

기둥의 위와 아래보다 중간 부분을 더 두껍게 만든 기둥을 말한다. 즉, 배가 부른 것처럼 보인다고 해서 배흘림기둥이라 한다. 원통형 기둥이라면 시각적인 착시 현상 때문에 중간 부분이 가늘게 보여 건물이 불안정하게 느껴진다. 그래서 배흘림기둥은 처음부터 기둥의 중간 부분을 두껍게 해서 시각적으로 안정감을 주도록 만든 것이다. 이 또한 우리 조상들의 지혜를 엿볼 수 있는 부분이다.

부석사는 자연과의 조화를 추구하면서 지어진 절집이다. 무량수전 앞마당에서 소백산 줄기를 내려다보면 겹겹이 쌓인 산들의 모습에 감탄을 아니할 수 없다. 또 부석사는 석양이 아름답기로도 유명하지만, 비가 온 뒤 운무로 덮인 모습도 감탄스럽다. 이런 반할 수밖에 없는 아름다움에 나는 부석사를 무수히도 찾았던 것 같다.

전탑과 유교문화의
본고장, 안동

　한국 정신문화의 수도로 불리는 경북 안동은 다른 지역에서 보기 드문 전탑의 고장이기도 하다. 원래 탑은 부처님 진신사리를 보관하기 위한 묘탑으로 만들어진 것이다. 넓은 의미의 사리는 우리가 흔히 말하는 구슬 모양의 사리뿐만 아니라 부처님 몸 전체가 사리에 해당된다. 즉, 머리카락이나 손톱도 포함될 수 있다는 것이다.

　그런데 탑이 계속 만들어지자, 부처님 사리가 부족해졌다. 이에 의미가 다소 변형되면서, 이제 부처님 진신사리에 버금가는 물품을 보관하고 탑을 세우기도 한다. 탑은 처음에 목탑으로 만들어졌지만, 목탑은 화재 등으로 인한 소실의 위험이 많아 이를 보완하기 위해 전탑 및 석탑 등이 만들어졌다.

　탑은 사용 재료에 따라 나무로 만든 '목탑', 돌로 만든 '석탑', 흙을 구워

안동 신세동 7층 전탑 | 경북 안동

서 만든 벽돌을 사용한 '전탑', 돌을 벽돌 모양으로 다듬어 쌓아 올린 '모전석탑' 등으로 나뉜다. 이 중 모전석탑은 전탑을 모방했다고 해서 붙여진 이름이다.

석탑은 흔히 볼 수 있지만, 모전석탑과 전탑은 쉽게 접할 수 있는 것은 아니다. 모전석탑으로는 경주에 분황사 모전석탑이 있으며, 전탑은 경북 안동 지역을 중심으로 분포되어 있는 것이 특징적이다. 그래서 나는 안동을 전탑의 고장이라고 부른다.

안동 조탑동 5층 전탑

안동 동부동 5층 전탑

안동에는 신세동 7층 전탑과 조탑동 5층 전탑 그리고 동부동 5층 전탑이 있다. 조탑동 5층 전탑은 남안동 IC에서 안동 시내 방향으로 조금만 가다 보면 나오며, 동부동 5층 전탑은 안동역 옆 일직식당 뒤편 주차장 안쪽에 위치하고 있다.

안동은 또 간고등어로 유명하다. 냉동 시설을 갖춘 자동차가 없던 시절, 안동은 내륙에 위치한 터라 바다 생선을 구하기가 힘들었다. 따라서 바닷가에서 고등어에 염장을 해서 가져왔던 것이 시초가 된 것이다. 안동 간고등어가 유명해진 것은 이 지역에 살던 이동삼이라는 분이 간고등어를 만들어 팔면서부터다. 고등어에 소금을 치는 사람을 '간잡이'라고 하는데, 안동 최고의 간잡이가 바로 이동삼이다. 이분이 직접 운영하던 식당이 일직식당이었는데, 아쉽게도 몇 년 전에 작고하셨다. 내가 안동을 가

면 꼭 들러서 식사하는 곳이다.

신세동 7층 전탑은 높이가 16.8m로 우리나라에서 가장 높고 오래된 전탑이다. 기단부에는 팔부중상과 사천왕상이 돋을새김으로 조각되어 있다. 각층 지붕 윗면에는 기와를 이었던 흔적이 남아 있어 목탑의 양식을 받아들였음을 알 수 있다. 이를 통해 목탑이 전탑보다 앞선 시기에 만들어졌음을 짐작한다.

신세동 7층 전탑 근처에는 독립운동가 이상룡 선생의 생가인 임청각이 있다. 임청각은 현존하는 우리나라 살림집 중에서 가장 오래된 집이다. 이상룡 선생은 경술국치가 일어나자 전 재산을 처분해 독립운동자금을 마련하여 만주로 가서 신흥무관학교를 세웠다. 또 대한민국 임시정부 초대국무령을 지냈다. 국무령은 내각의 수반으로서 현재 행정부의 수반인

부용대 | 경북 안동

부용대에서 본 하회마을 | 경북 안동

대통령에 해당된다.

임청각은 9명의 독립운동가가 출생한 집이라 일제의 입장에서는 눈엣가시였다. 결국 중앙선 철도 부설 때 임청각의 맥을 끊어 놓기 위해 의도적으로 철도 선로를 변경해 임청각 마당으로 철길을 지나가게 하면서, 50여 칸의 행랑채와 부속 건물을 헐어 버렸다.

안동역에서 35번 국도를 따라 직진하다가 서지역에서 합류해 영주 방향으로 가는 선로를 만들면 더 효율적으로 이동할 수 있었는데 우회를 하면서까지 임청각을 거쳐 가도록 한 것이다.

철도가 임청각을 지나게 되면서 신세동 7층 전탑 바로 옆으로 선로가 놓이게 되었다. 기차가 다니면서 발생하는 진동 때문에 현재 탑에 균열이 심하게 일어나고 있는 상황이라 마음이 아프다.

안동은 유교문화의 중심지로 선비의 고장이다. 안동에서 유교적 양반문화를 간직한 대표적인 마을이 하회마을이다. 하회마을은 전통적인 유

복례문과 만대루 ㅣ 병산서원

교문화가 살아 숨 쉬는 곳으로 가장 한국적이면서 독창적인 문화를 간직하고 있으며 풍산 류씨의 집성촌이다.

하회마을을 가장 잘 감상할 수 있으며 아름다운 경치를 볼 수 있는 장소는 '부용대'이다. 부용대는 하회마을을 휘감아 도는 낙동강 건너편 절벽 위를 말한다. 부용대가 끝나는 강가에는 옥연정사가 있다.

옥연정사는 임진왜란 때 영의정을 지낸 류성룡이 전쟁 후 낙향하여 후학을 양성하면서『징비록』을 집필했던 곳이다.『징비록』은 임진왜란을 겪으면서 경험한 사실을 기록한 책으로 전쟁이 일어나게 된 배경, 전쟁 당시의 상황, 전투 성과, 백성들의 생활상 등에 대한 전반적인 내용을 담았다. 스스로에 대한 반성의 의미가 내포되어 있으며, 비극의 역사가 반복되지 않기를 바라는 마음이 담겨 있다.

하회마을에서 화산을 넘어가면 병산서원이 있다. 병산서원은 류성룡의

병산서원 만대루 | 경북 안동

병산서원 입교당 | 경북 안동

병산에서 본 병산서원 | 경북 안동

학문과 업적을 기리기 위해 세운 서원이다. 강당인 입교당 뒤편에는 그의 위패를 모신 사당인 존덕사가 있다. 앞쪽에는 2층으로 된 누각인 만대루가 있으며, 서원에 있는 누각 중에서는 규모가 가장 크다고 할 수 있다.

만대루는 유생들이 공부를 하거나 여유를 즐기던 장소이다. 만대루에서 보면 낙동강이 유유히 흐르고 병산이 병풍처럼 둘러싸여 있는 모습이 아주 아름답다. 예전에는 만대루 누마루에 일반인이 올라갈 수 있었지만, 최근에 와서는 출입을 제한하고 있다.

병산서원은 병산을 바라보고 있기 때문에 붙여진 이름이다. 그리고 병산에 올라가서 병산서원을 보는 전경도 한 폭의 그림처럼 아름답다. 병산서원도 유네스코 세계문화유산에 등재된 9개 서원 중 하나에 속한다.

요즈음은 웬만하면 포장이 되어 있지 않은 도로를 찾아보기 어렵다. 그

월영교 야경 | 경북 안동

런데 낙동강을 끼고 병산서원으로 들어오는 길목은 아직도 포장이 되어 있지 않은 흙길이다. 다소 불편할 수도 있지만, 흙먼지를 날리며 덜컹대면서 가는 느낌이 나쁘지는 않다. 그래서 병산서원을 더 자주 찾는지도 모르겠다.

이황의
흔적을 찾아서

　1543년, 주세붕 선생이 풍기군수로 있을 때 우리나라 최초의 서원인 백운동서원을 세웠다. 그 후 풍기군수로 이황 선생이 부임하면서 백운동서원을 소수서원으로 사액받았다. 사액서원은 국가의 재정적 지원을 받으면서 왕으로부터 현판을 하사받는 서원을 말한다. 그래서 우리나라 최초의 서원은 백운동서원이지만, 우리나라 최초의 사액서원은 소수서원이 되는 것이다.

　이황 선생이 정계에서 은퇴하고 고향인 안동 도산으로 돌아와서 계상서당이라는 서당을 짓고 후진을 양성하였다. 그때 그 앞에 흐르는 개천의 이름이 '퇴계'였기 때문에 자신의 '호'를 '퇴계'라고 사용한 것이다. 지금은 하천을 토계천이라고 부르고 있다.

　'호' 하면 우리가 가장 먼저 떠올리는 대표적인 인물이 율곡 이이, 퇴계

이황 등이다. 그렇다면 '호'는 어떻게 짓는 것일까? '율곡' 그리고 '퇴계' 하면 뭔가 심오한 진리가 숨어 있을 것 같다는 느낌이 드는 것이 사실이다.

결론부터 이야기하면 '호'는 그냥 자기가 짓고 싶은 대로 지으면 되는 것이다. 물론 심오한 의미를 담아서 짓는 경우도 있지만, 그냥 대충 생각나는 대로 짓는 경우도 많다. 즉 '호'를 만드는 데는 일정한 원칙이나 관례가 있는 것이 아니다. '호'에는 사실 별 의미가 없는 경우도 많다는 것이다. 그렇다면 '율곡'이라는 '호'가 만들어진 사연은 어떨까?

율곡 이이는 외갓집인 강원도 강릉 오죽헌에서 태어났다. 조선 초기만해도 남자들이 처가살이를 하는 경우가 종종 있었다. 이이도 외갓집인 강릉 오죽헌에서 태어나서 자라다가, 나중에 아버지 고향인 경기도 파주로가서 살게 되었다. 이이가 살았던 곳이 파주 중에서도 밤나무골이라는 동

소수서원 | 경북 영주

네였는데, '밤나무골'을 한자로 하면 '율곡'이다. 자기가 살았던 동네 이름을 그냥 자기 '호'로 사용한 것이다.

현재 사용하는 천 원권 지폐 뒷면에 나오는 그림은 겸재 정선이 그린 〈계상정거도〉이다. 이 그림의 대상이 계상서당이라는 주장과 도산서당이라는 주장이 있다. 물론 결론은 전문가들이 내려야 할 몫이라고 생각한다. 하지만 나는 건물 형태를 봤을 때 계상서당에 더 가깝다고 생각한다.

계상서당에 학동들이 늘어나면서 공간이 비좁아지자 산 너머에 규모를 키워서 도산서당을 만들게 되었다. 이황 선생은 도산서당에서 후진을 양성하다가 세상을 떠난다. 이황 선생이 죽고 나서 제자들이 스승께 제사를 지내기 위해 서원으로 규모를 확충하게 되는데, 이 서원이 바로 도산서원이다. 그래서 이황 선생은 도산서당을 만든 것이지, 도산서원을 만든 것은

아니다. 예전에 사용했던 천 원권 지폐에 나오는 그림은 도산서원이다.

서원이 되기 위해서는 교육 기능과 제사 기능을 갖추어야 한다. 교육 기능만 있던 도산서당에 규모를 확충하고, 제사 기능을 갖추어 도산서원으로 만든 것이다. 그래서 도산서원에는 이황 선생을 기리는 사당인 상덕사가 있다.

도산서원은 도산서당 건물 뒤편에 서원의 기본 구조를 갖추고 있다. 건물 배치는 전형적인 전학후묘 양식을 따르고 있다. 학문을 하는 강당인 전교당을 중심으로 앞쪽에는 기숙사인 동재와 서재가 있고, 뒤쪽에는 이황 선생을 기리는 사당이 있다. 기숙사의 경우, 일반적으로 동재에 선배들이 기거한다.

도산서원 현판을 쓰면서 있었던 일화를 한 가지 소개하고자 한다. 선조

도산서원 | 경북 안동

가 1575년 사액서원에 보낼 현판을 쓰기 위해 당대 최고의 명필가였던 한호를 불렀다. 선조는 한호에게 자신이 부르는 대로 받아만 쓰라고 했다. 가장 먼저 '원', 그다음 '서', 세 번째는 '산', 한호는 영문도 모른 채 선조가 부르는 대로 열심히 받아썼다. 마지막 글자는 '도'였다. 그때서야 한호는 도산서원 현판이라는 것을 알아챘다.

선조는 천하의 한호라도 이황의 명망을 알고 있기 때문에 도산서원에 보낼 현판이라는 사실을 알면 붓이 떨릴 수도 있다고 생각해서 글자를 반대로 부른 것이다. 우연인지는 몰라도 마지막에 쓴 '도'자가 살짝 올라간 듯해 보이는 이유이다. 도산서원 현판임을 알고 놀라서 손이 약간 떨렸다는 것이다.

우리가 잘 알고 있는 조선 최대의 명필가 한석봉의 본명이 한호이며,

전교당 ㅣ 도산서원

호가 '석봉'이다. 하지만 한석봉을 본명으로 알고 있는 경우가 더 많다. 명필가 한석봉도 손을 떨 정도의 덕망이 높은 분이 이황 선생이다. 나는 도산서원을 갈 때마다 예전 천 원권 지폐에서 보는 도산서원의 전경을 그린 위치에서 사진을 촬영하곤 한다.

영조는 고른 인재를 등용하는 탕평책을 실시하여 붕당정치의 폐해를 막으려 했지만, 크게 실효를 거두지는 못했다. 정조가 더욱 적극적인 탕평책을 실시하면서 남인 계열도 일부 참여하게 되었다. 또한 정조는 남인의 대표자인 이황 선생에 대한 존경심을 나타내기도 하였다. 그래서 1792년 정조는 이황 선생의 학덕과 사상을 기리고 영남의 인재를 뽑기 위해, 지방에서는 처음으로 도산서원에서 과거시험을 보게 하였다.

당시 도산별시에는 7,000여 명의 영남 선비들이 참여하는 바람에 서원

가뭄 때의 도산서원 시사단

장마철의 도산서원 시사단

도산서원 현판 | 경북 안동

안에 모든 인원을 수용할 수가 없었다. 따라서 도산서원 앞 강가에서 소나무에 과제를 걸어 놓고 과거시험을 치르게 되었다. 그때 답안지를 낸 사람이 3,600여 명이었으며, 그중에서 급제 2명, 진사 2명, 초시 7명을 뽑았다고 한다.

도산별시를 기념하기 위해 과제가 걸렸던 자리에는 단을 쌓고 비석을 세웠는데, 이곳을 '시사단'이라 한다. 안동댐이 건설되면서 시사단이 물에 잠길 처지가 되자 단을 더 높이 올려 쌓아 물 위로 솟게 하였다. 지금은 시사단이 도산서원 맞은편에 혼자 우뚝 솟아 있다. 가뭄이 들면 작은 산처럼 보이고, 장마철이 되어 물에 잠기면 섬처럼 보이기도 한다.

감은사지와
문무왕릉

신라는 676년 문무왕 때 나당전쟁에서 승리하면서 삼국을 통일하였다. 신라 입장에서는 통일이지만, 고구려와 백제 입장에서는 나라가 망한 것이다. 따라서 통일 직후에 고구려와 백제 지역에서는 나라를 되찾기 위한 부흥운동 등이 일어나면서 나라가 많이 어수선한 상태였다.

아직도 나라가 혼란스러운 시기인 681년에 문무왕이 세상을 떠났다. 문무왕 입장에서는 혼란스러운 나라를 아들에게 맡기고 죽는다는 것이 걱정스럽지 않을 수 없었던 것 같다. 그래서 "내가 죽거든 동해 바다에 장례를 지내라, 그러면 내가 동해 바다의 용이 되어서 신라를 지켜 주겠노라."는 유언을 남겼다. 문무왕의 뒤를 이은 신문왕은 아버지의 유언대로 동해 바다에 무덤을 만들었다. 그것이 바로 경주 앞바다에 있는 문무대왕암이다.

문무대왕암 | 경북 경주

금당지 | 경주 감은사지

　문무왕은 부처의 힘을 빌려 왜구의 침입을 막고자 하는 염원에서 큰 절을 짓기 시작했으나 끝내 완성하지 못하고 죽었다. 뒤를 이은 신문왕은 682년에 절을 완성하고, 죽어서도 나라와 자식을 걱정하는 부왕의 은혜에 감사한다는 뜻으로 절 이름을 '감은사'라 지었다. 그리고 절을 지을 때 동해 바다의 용이 된 부왕이 와서 쉴 수 있도록 금당 바닥에 공간을 만들어 놓았다. 그래서 감은사지 금당의 바닥 구조는 석조물로 만들어 놓았으며 아래에 빈 공간이 있다. 이처럼 다른 금당에서는 볼 수 없는 구조로 되어 있는 것을 지금도 확인할 수 있다.

　금당은 금빛을 발산하는 집이란 뜻이다. 부처님은 금빛을 발산하기에 즉, 부처님이 머무는 집이란 뜻이다. 금당은 사찰의 중심이 되는 법당을 통칭해서 부르는 말이다.

　법당은 어떤 부처님을 모시느냐에 따라 이름을 다르게 부른다. 석가모니불을 모시는 집을 '대웅전' 또는 '대웅보전' 등으로 부르고, 비로자나불을 모시는 집을 '비로전' 또는 '대적광전', '대광명전' 등으로 부른다. 그리고 아미타불을 모시는 집을 '극락전' 또는 '무량수전', '미타전' 등으로 부른다. 그런데 어떤 부처님을 모셨는지 모르는 경우에는 그냥 통칭해서 '금당'이라고 부른다. 감은사의 경우에는 법당에 어떤 부처님을 중심으로 모셨는지 모르기 때문에 금당이라고 하는 것이다.

　감은사지에는 금당터와 더불어 2기의 3층 석탑과 회랑지 등이 남아 있다. 금당 앞에 3층 석탑이 동탑과 서탑으로 2기 배치되어 있기 때문에 1금당 쌍탑 가람배치를 하고 있는 것이다.

　탑은 크게 기단부와 탑신부 그리고 상륜부로 구성된다. 탑신부의 층수

서탑과 일몰 | 경주 감은사지

에 따라서 탑의 층수가 결정된다. 탑신부는 몸돌(탑신)과 지붕돌(옥개석)로 구성되며, 탑의 층수를 셀 때에는 지붕돌의 수를 헤아리면 쉽게 알 수 있다. 지붕돌은 대체로 기와지붕을 연상케 하는 경우가 많기 때문에 이를 참고하면 탑의 층수를 쉽게 알 수가 있다.

간혹 탑의 아랫부분인 기단부까지 합쳐서 층수를 헤아리는 오류를 범하는 경우가 있다. 그래서 탑의 층수가 정확히 몇 층인지를 헤아리는 것에 대해 어려워하는 경우를 종종 본다. 결론적으로 탑신부의 수, 즉 지붕돌의 수를 헤아리면 된다는 것을 기억하면 좋겠다.

원래 탑의 윗부분, 즉 상륜부는 화려하게 장식을 하지만 파손이 쉽다. 그래서 중간에 쇠막대기 같은 것을 세우고 상륜부에 장식을 하게 된다. 그 쇠막대기를 '찰주'라고 한다. 감은사지 3층 석탑은 어떤 이유인지는 모

감은사지 3층 석탑(서탑) | 경북 경주

금당지와 쌍탑 | 경주 감은사지

르지만 오랜 풍파를 겪으면서 상륜부 구조물은 모두 사라지고 찰주만 남게 된 것이다.

감은사지 3층 석탑은 우리나라 3층 석탑 중에서 가장 큰 규모로 총 높이가 13.4m이다. 이 석탑은 통일기가 시작하는 시점에 만들어졌기 때문에 세련되지는 않지만 웅장하고 당당한 기품이 느껴져 우리나라를 대표하는 석탑이다. 나는 이 웅장함에 반해 감은사지를 수없이도 찾아갔다.

감은사지에서 나오면 왼쪽으로는 감포, 오른쪽으로는 문무왕릉으로 가는 삼거리가 나온다. 예전에 버스를 타고 이곳을 여행할 때에는 감은사지에서 걸어 나와 이 삼거리에서도 한참을 머물다 이동을 했던 기억이 난다.

삼거리 안쪽에는 문무왕의 유언이 적힌 비가 세워져 있고, 또 입구 쪽

동해구 표지석 | 경북 경주

대종천과 동해가 만나는 동해구 | 경북 경주

에는 동해구라는 비가 세워져 있다. 동해구는 신라의 강물이 동해로 흘러
들어 가는 입구라는 뜻이다. 즉 경주 쪽에서 동해로 흘러오는 대종천이
동해와 만나는 곳이다.

대종천이라는 이름은 간단히 말하면 큰 종이 지나온 강이라는 뜻이다.
사연은 다음과 같다. 고려 시대인 1238년에 몽고군이 침략해 왔을 때 황
룡사 9층 목탑을 불태우고 그 절에 있던 에밀레종의 4배 크기의 대종은
몽고로 가져가기 위해 뗏목을 만들어 싣고 대종천을 거쳐 동해로 나온 것
이다. 그래서 감포가도를 끼고 흐르는 하천을 대종천이라 한다.

그런데 그 종을 실은 몽고군의 배가 문무왕릉 근처에서 풍랑을 만나 전
복되었다는 것이다. 아직도 그 종이 바닷속에 있다는 이야기가 있어 약
20년 전에 실제로 수중 탐사를 통해 조사를 해 봤지만 찾지는 못했다. 또

감은사지 3층 석탑 일몰 | 경북 경주

2013년에 스킨스쿠버를 하는 사람이 범종 비슷한 것을 봤다는 제보를 해서 다시 탐사를 했지만 역시 찾지는 못했다. 그 신고 당사자가 위치를 정확히 파악하지 못하고 있었던 것이다. 과연 이 거대한 황룡사 대종이 실제로 발굴되기를 기대해 본다.

문무왕 유언비 옆에는 우현 고유섭 선생과 관련된 비가 세워져 있다. 문무왕을 존경했던 사람 중 한 명이 고유섭 선생이다. 고유섭 선생은 일제 시대 때 미술사학자이다. 우리 문화재를 연구하고 지키기 위해 매진했던 분으로, 문화재에 대한 다양하고 폭 넓은 연구를 위해 틈만 나면 유적지를 찾아 답사를 떠나기도 했다. 우리 문화재를 지키고 알리기 위해 치열한 삶을 살았다고 할 수 있겠다.

고유섭 선생은 이런 열정 때문에 40세의 짧은 생을 살았지만 많은 업

고유섭 선생을 기리는 비석 | 경북 경주

적을 남겼다. 그래서 가끔은 '나는 주어진 삶에 최선을 다하고 있는 것일까?'를 반문하게 된다.

일제의 억압에 분노하고 있던 우현 선생은 죽으면서도 나라를 걱정했던 문무왕을 존경하고 있었던 것이다. 그래서 제자들에게 꼭 한번은 문무왕릉을 가 보라고 권했다. 우현 선생은 자신이 집필한 수필의 제목을 「나의 잊히지 못하는 바다」라고 썼다. 자신이 존경하는 문무왕이 잠든 곳 그 동해 바다를 잊지 못한다는 뜻이다.

그래서 제자들이 우현 선생의 뜻을 기리기 위해 문무왕릉이 보이는 동해구에 '나의 잊히지 못하는 바다'라고 적힌 비를 세우게 되었다. 여행을 하면서 이런 사소한 부분까지 챙겨 본다면 여행의 의미가 더욱 커지지 않을까 생각해 본다.

동해구 삼거리에서 감포 방면으로 조금만 따라가면 '이견대'가 나온다. 문무왕릉 근처에서 용이 나타나는 것을 가장 잘 볼 수 있는 곳에 이견대를 세웠다. 이견대에서 바라보면 문무왕릉이 훤히 내려다보인다.

문무왕의 아들 신문왕은 어느 날 문무왕릉 근처 바다에 작은 산 하나가 떠내려왔다는 소식을 들었다. 그래서 이견대로 가서 보니 산 모양은 거북 머리 같았고, 그 산에는 대나무가 있었는데 낮에는 둘로 나뉘어졌다가 밤이 되면 하나로 합쳐졌다고 한다.

이 기이한 현상에 직접 그 산에 올라가 보니 용이 그 대나무로 피리를 만들어 불면 천하가 태평해지고, 가뭄이 들 때 불면 가뭄이 해갈될 것이며, 왜적이 침략해 올 때 불면 왜적이 물러갈 것이고, 전염병이 돌 때 불면 전염병이 사라질 것이라 하였다고 한다.

감은사지 3층 석탑과 보름달 야경 | 경북 경주

　그 검은 대나무를 가지고 와서 피리를 만들었는데, 그 피리가 '만파식적'이다. 만파식적은 설화이지만 그 피리는 반월성 천존고에 보관되어 있었다는 기록이 있다고 한다. 우연인지는 몰라도 지금 감은사지 뒤편에는 검은 대나무가 자라고 있다.

　문무대왕릉이 바라보이는 봉길 해변은 '용'이 머무는 곳이라고 여겨 용왕님께 기도를 드리기 위해 찾는 사람이 많이 있다. 사실 이 지역 사람들은 대왕암이라 부르는 문무대왕릉에 함부로 올라가지 않는다고 한다. 그만큼 신성시 여기는 곳이다.

　문무대왕릉을 무수히 찾아가던 어느 날 해가 뜨기 직전에 경험한 일이다. 어둠이 깔려 있는 대왕암에 일렁이는 파도 때문에 용이 헤엄을 치고 가는 듯한 느낌을 받은 적이 있다. 나는 그때 대왕암에 용이 머문다고 생

이견대에서 본 문무왕릉 | 경북 경주

각하는 이유를 알 것 같았다. 그래서 나도 문무왕이 잠든 그 바다를 잊지 못하는 것일까? 다가오는 주말에 또 가 봐야겠다. 나의 잊히지 못하는 바다를 말이다.

다보탑 돌사자상과
10원짜리 동전

　민주화의 열풍이 불던 1987년은 그 어느 때보다도 대통령 선거에 대한 관심이 높았다. 그런 가운데 여당의 대통령 후보였던 노태우 후보가 대통령에 당선되기 위해서는 일반 가정에 300만 개의 불상을 보급해야 한다고 어떤 스님이 말했다고 한다.

　일반 가정에 인위적으로 불상을 보급하는 것이란 쉽지 않은 일이다. 고민 끝에 누구나 가지고 있는 10원짜리 동전에다가 불상을 새겨 넣기로 했다는 것이다. 그렇게 하면 국민 대부분이 불상을 소지하게 되는 셈이다.

　이렇듯 노태우 후보가 한국은행에 압력을 넣어 10원짜리 동전의 다보탑에 조그마한 불상을 새겨 넣어 대통령에 당선되었다는 소문이 있었다. 실제로 1970년대 동전에는 다보탑 기둥 사이에 아무것도 없었는데 1983년부터 바뀐 10원짜리 동전에는 기둥 사이에 세부 식별은 어렵지만 무엇

돌사자상 | 불국사 다보탑

인가가 생겨났다. 그래서 많은 사람들이 그것이 불상이라고 믿었다.

타 종교에서는 헌법 조항에 있는 "모든 국민은 종교적·사회적 차별을 받지 않는다."는 내용까지 거론하며 거센 항의를 하기에 이르렀다. 급기야 한국은행이 나서서 불상이 아니고 돌사자상이라고 해명을 했지만 한동안 그 소문은 사라지지 않았다. 당시 인터넷이 없던 시절이라 벌어진 에피소드였다.

처음 동전을 디자인할 때에는 돌사자가 있는지 몰랐다가 1983년 디자인을 바꿀 때 넣은 것이다. 또한 이전의 동전은 정면에서 바라본 단면적인 모습이었는데, 1983년 디자인은 입체적인 모습으로 바뀌면서 사자상을 넣은 것이다.

불국사 다보탑 | 경북 경주

다보탑 돌사자상 | 경주 불국사

다보탑에는 네 귀퉁이마다 돌사자상이 놓여 있었다. 그런데 일제 시대 때 일본인이 세 마리는 가져가고 한 마리만 남은 것이다. 한 마리가 남은 이유는 파손이 많이 되어 상태가 좋지 않아 돈이 안 되기 때문이었을까? 상태가 안 좋았던 것이 그나마 다행이었던 것일까? 어찌 되었든 현재는 한 마리의 돌사자상만 남아 있는 상태이다. 원래는 귀퉁이에 놓여 있었지 만 지금은 기둥 사이 돌계단 위에 놓여 있다.

다보탑과 석가탑 | 경주 불국사

　돈이 될 만한 가치가 있다고 여겨지면 수단을 가리지 않고 도굴을 해 가던 어두운 시절이 우리에게도 있었다. 그래서 지금부터라도 국민 모두가 문화재를 사랑하는 마음을 더욱더 가지는 계기가 되면 좋겠다.

석가탑의 아픔과
무구정광대다라니경의 발견

    불국사 3층 석탑은 우리가 흔히 말하는 석가탑이다. 불국사를 대표하는 석가탑은 쓸쓸하지만 수난의 역사를 통해 우리에게 빛나는 유산을 발견하게 했다. 여기에 그 사연을 소개한다.

    일제 시대 이후 우리나라는 문화재 도굴꾼들이 판을 치는 세상이 되었다. 이런 상황에서 1966년 9월 초, 불국사에 있는 석가탑의 사리 장엄구를 노린 간 큰 도굴꾼이 있었다. 도굴꾼들은 돈이 될 만한 귀중한 보물들이 어디에 있는지를 경험과 직감을 통해 어느 정도 파악해 낸다.

    그런 직감으로 사리함이 있을 가능성이 가장 높은 1층 탑신 안을 도굴하기 위해 1층 지붕돌인 옥개석을 들어 올렸다. 그런데 아무것도 없었다. 도굴꾼들은 아쉽지만 다음을 기약하며 도굴 흔적이 없도록 정리하고 사라졌다.

불국사 3층 석탑 I 경북 경주

일반적으로 사리함은 1층 탑신에 보관할 가능성이 가장 높으며, 그다음 가능성이 높은 곳이 3층 탑신이다. 이런 가능성에 대해 도굴꾼들은 이미 알고 있다. 그래서 도굴꾼들은 1층 탑신이 아니면 3층 탑신 안에는 사리함이 있을 것이라는 확신을 가지고 다시 도굴에 도전했다.

도굴꾼들은 3층 탑신에 있는 사리함을 털기 위해 3층 옥개석을 들어 올렸다. 그런데 이번에도 3층 탑신에는 아무것도 없었다. 도굴꾼들은 실망하지 않을 수 없었을 것이다. 아마도 이 탑에는 기대했던 사리 장엄구는 없다고 판단했는지 이번에는 옥개석을 대충 올려놓고 사라져 버렸다.

석가탑과 다보탑 | 경주 불국사

다음 날 3층 석탑을 본 불국사 스님은 탑신부가 뒤틀어져 있는 것을 알게 되었다. 며칠 전에 있었던 경주의 지진 때문이라고 생각했지만, 경찰의 조사 결과 도굴꾼의 소행임이 밝혀졌다.

문화재 당국에서는 보수의 필요성을 느끼고 해체 보수 작업을 하게 되었다. 먼저 상륜부부터 해체하고 그다음으로는 3층 옥개석 그리고 3층 탑신석을 내려놓았다. 그런데 2층 옥개석을 들어 올리면서 지탱하고 있던 지지대가 부러져 3층 탑신석을 덮쳤다. 그 결과 2층 옥개석과 3층 탑신석이 파손되는 참사를 겪게 되었다. 지금으로서는 상상도 할 수 없는 우스운 일이 아닐 수 없다.

문화재 보수 전문가로 구성된 해체 보수팀은 나무 전봇대 2개에 로프를 걸어 옥개석을 들어 올리다가 전봇대 하나가 부러지면서 사고가 난 것이다. 그 시절 우리나라 문화재 보수팀의 사정이 그랬다. 하지만 도굴꾼들의 사정은 다르다. 한 달 전에 있었던 석가탑 도굴꾼들은 공기압축 잭을 가지고 와서 탑재를 들어 올린 것이다. 도굴꾼보다도 더 못한 문화재 보수 전문가들의 열악한 장비 상황을 어떻게 이해하면 좋을까?

어찌 되었든 이런 비극 속에서 2층 탑신에서 사리 장엄구와 함께 두루마리 책 한 권이 발견되었다. 이 두루마리 책이 바로 우리가 알고 있는 세계에서 가장 오래된 목판 인쇄물인『무구정광대다라니경』이다. '무구정광'은 '더러움이 없이 깨끗하다'는 의미이고, '다라니'는 '주문'을 뜻하며, '경'은 '경전'을 말한다. 즉, 무병장수하고 재앙이 없기를 바라는 마음을 담은 경전이다.

이『무구정광대다라니경』은 너비 8㎝, 길이 620㎝의 닥나무 종이로 만든

두루마리 책으로, 지금까지 보존될 수 있을 만큼 종이의 질이 우수하다. 또 우리 한지의 우수성을 세계에 널리 알릴 수 있는 계기가 된 것이다.

석가탑은 아픔을 간직하게 되었지만, 일반적인 관례에서 벗어난 2층 탑신에 보관되어 있었기 때문에 우리는 이 귀중한 『무구정광대다라니경』을 무사히 간직할 수 있었던 것이다. 왜 2층 탑신에 넣어 두었는지는 모르지만, 이 또한 도굴꾼들의 손에 넘기지 않으려는 부처님의 뜻은 아니었을까?

신라 능묘 이야기

경주에는 어디에서나 쉽게 큰 무덤을 볼 수 있을 정도로 능묘가 많이 분포되어 있다. 그중에서 왕릉 급으로 관리되고 있는 무덤은 155기다.

이런 많은 무덤을 효율적으로 관리하기 위해서 1호분, 2호분 하듯이 관리 번호를 붙인다. 그리고 아무런 특징도 없고 주인도 모르는 무덤에는 '분'자가 붙는다. 예를 들면 '구정동 방형분' 등이 있다. 왕과 왕비의 무덤엔 '릉'자가 붙는다. 무열왕의 무덤을 '무열왕릉'이라 부르듯이 말이다.

무덤의 주인이 누구인지 알 수 없으며, 그 무덤에서 발견된 유물이나 상징적인 특징으로 이름을 지을 때에는 '총'자를 붙인다. 원래 155호분으로 관리되고 있던 무덤이, 천마도가 발견되면서 '천마총'이라는 이름을 얻게 되었다. 즉 천마도를 특징으로 해서 이름을 지은 것이다.

또 천마총 옆에는 쌍릉으로 되어 있는 큰 무덤이 있다. 이 무덤은 경주

김유신묘 | 경북 경주

황남동에 있는 큰 무덤이라는 뜻에서 '황남대총'이라는 이름이 붙었다.

무덤의 주인을 알지만 왕이 아닌 경우는 '묘'자를 붙인다. 김유신은 신라를 대표하는 인물이지만 왕이 아니었기 때문에 '김유신묘'라고 하는 것이다. 김유신묘에는 2기의 비석이 서 있다. 조선 숙종 때 세운 왼편 비석에는 '신라 태대각간 김유신묘'라고 새겨져 있다.

그런데 1930년대 후손들이 세운 오른편 비석에는 '개국공 순충장렬 흥무대왕릉'이라고 되어 있다. 김유신은 흥덕왕 때 흥무대왕으로 추봉을 받았기 때문이다. 하지만 실제로 왕은 아니었기 때문에 처음에 이 비석을 세울 때는 흥무대왕'묘'라고 썼는데, 1970년대 누군가에 의해 흥무대왕'릉'으로 바뀌어 버렸다. 즉 '묘'자를 시멘트로 메우고 다시 '릉'자로 고쳐 새긴 것이다. 글자를 바꾼 사람의 입장에서는 왕으로 추봉되었기 때문에 '릉'으로 하고 싶었던 것 같다.

맑은 날은 '릉'으로 보이지만, 여기에 물을 묻히면 시멘트 부분인 '묘'가 진하게 겹쳐 드러난다. 그래서 이 현상을 두고 방송에서 김유신 묘비의 신비라며 떠들썩한 적이 있었다.

　신라가 통일기를 맞으면서 봉분의 형태에도 새로운 변화가 찾아왔다. 통일기 전후의 왕릉을 비교해 보면 봉분의 변화 과정을 파악할 수 있는데, 가장 큰 특징은 '호석'이다.

　'호석'은 능 아랫부분에 있는 둘레돌로, 봉분의 무너짐을 막아 주는 기능을 한다. 신라 초기의 왕릉에는 호석이 없었다. 진평왕릉에는 호석이 없지만, 그의 딸인 선덕여왕릉에는 모양이 일정하지 않은 자연석을 이용한 호석을 둘러놓았다. 즉 이때부터 호석이 일반화되기 시작한 것이다.

　현재 진덕여왕릉으로 알고 있는 무덤은 주인이 다를 가능성이 높다는 견해가 일반적이다. 그래서 호석에 대한 이야기는 생략하기로 한다.

　진덕여왕을 이은 무열왕릉에도 하단에 둘레돌을 두어 봉분을 보호하고 있다. 하지만 호석이 흙에 묻혀서 잘 드러나지 않는 상태이다.

김유신 묘비와 '묘'와 '릉'이 겹쳐 있는 모양(맨 아래 글자)

진평왕릉 ｜ 경북 경주

선덕여왕릉 ｜ 경북 경주

무열왕릉의 호석 흔적(무덤 아랫부분의 돌)

신문왕릉 | 다듬은 호석과 지탱석

　다음 왕인 문무왕은 화장을 해서 동해 바다에 무덤을 만들어 놓은 수중릉이다. 그리고 신문왕릉은 돌을 다듬어 호석을 두르고 삼각형의 지탱석을 세웠다. 이때부터 점차 다듬은 돌을 호석으로 사용하게 된 것이다.

　김유신묘 이후에는 돌담 같은 둘레돌 대신에, 판석을 세워 돌리고 그 판석면에 십이지신상을 새긴 호석이 등장하게 된다. 또 무덤 주위에 돌난간을 두르는 양식도 나타나게 되었다. 십이지신상이 조각된 무덤은 우리만의 독특한 양식으로, 벌써 이 시기에 우리나라에 십이지신상의 개념이 있었다는 것을 알 수 있다. 이때부터 호석이 봉분을 보호하는 기능뿐만 아니라 장식성의 기능도 가지게 되었다.

　신라 능묘 중에서 십이지신상이 조각되어 있는 무덤은 8기이다. (전)진덕여왕릉, 김유신묘, 성덕왕릉, 경덕왕릉, 원성왕릉, 헌덕왕릉, 흥덕왕릉이다. 그리고 주인을 알 수 없는 무덤인 구정동 방형분이다.

김유신묘의 십이지신상은 평상복을 입고 있으면서 무기를 들고 있다. 하지만 그 이후에 나타난 다른 무덤의 십이지신상은 갑옷을 입고 있는 무인상을 하고 있다. 자세히 들여다보면 십이지신상이 들고 있는 무기와 형태가 갖가지로 다양하게 표현되어 있음을 알 수 있다.

신라 왕릉 중에서 가장 화려하고 발달된 능묘는 원성왕릉이다. 원성왕릉은 관을 걸어 두었다고 해서 '괘릉'이라 불리기도 한다. 원성왕릉의 십이지신상은 화려하면서도 사실적으로 표현되어 있는 것이 특징이다.

성덕왕릉의 십이지신상에서는 특이점을 찾아볼 수 있다. 다른 무덤의 십이지신상은 평면 판석에 조각되어 있지만, 성덕왕릉의 십이지신상은 입체적으로 조각되어 무덤 주위에 세워져 있는 것이 특징적이다.

원성왕릉 | 돌난간

흥덕왕릉 십이지신상 ǀ 경북 경주

- 첫 번째 줄 : 쥐, 소, 범(호랑이), 토끼
- 두 번째 줄 : 용, 뱀, 말, 양
- 세 번째 줄 : 원숭이, 닭, 개, 돼지

십이지신상 원숭이 비교 | 김유신묘(왼쪽) · 원성왕릉(가운데) · 성덕왕릉(오른쪽)

입체적으로 조각되어 세워져 있기 때문에 상대적으로 파손의 위험이 크다. 현재 상태는 대부분이 머리가 없어져 어떤 동물인지 파악하기가 어려울 정도이다. 절반 정도는 그나마 형체가 남아 있지만, 나머지는 상태가 아주 좋지 않다. 하지만 남아 있는 조각들을 보면 가지고 있는 무기와 형태가 아주 사실적으로 묘사되어 있다.

십이지신상은 시간과 방위의 개념을 가지고 있다. 첫 번째 동물인 쥐는 북쪽에 위치하고, 토끼는 동쪽, 말은 남쪽, 닭은 서쪽에 배치된다. 따라서 둘레돌에 새겨진 동물의 위치만 봐도 방위를 알 수가 있다.

또 전성기가 되면서 석인상과 석사자상으로 화려하게 치장을 한 무덤들이 등장한다. 석인상은 무인석과 문인석으로 구분해 왔다. 그런데 최근에는 '무인석'을 오랑캐라는 의미에서 '호인상'이라 부른다. 서역인을 닮은 듯한 호인상은 원성왕릉, 헌덕왕릉, 흥덕왕릉에서 볼 수 있다. 호인상을 통해서 이 시기에 서역과도 활발한 문물 교류가 있었음을 알 수 있다. 하지만 호인상이 최근에는 서역인이 아니라 금강역사라는 주장도 있다.

'문인석'으로 알고 있었던 석상은 '관검석인상'이라 부른다. 중국풍의 이 사람은 머리에 보관을 쓰고 있어 문관 관리라는 느낌이 든다. 그런데 입은 옷이 갑옷이며, 자세히 보면 칼을 세워서 잡고 있다. 문인이면서 검을 든 무인이라는 뜻에서 '관검석인상'이라 한다.

사실 고대사회에서는 문인과 무인의 역할 구분이 뚜렷하지 않았다. 즉 문인과 무인의 역할을 동시에 수행하는 경우가 많았다. 따라서 문인석으로 알고 있었던 석상은 지금껏 잘못 알고 있었던 것이다. 관검석인상은 중국의 영향을 받은 것으로 성덕왕릉, 원성왕릉, 흥덕왕릉에서 볼 수 있다.

흥덕왕릉 석상 ㅣ 호인상(왼쪽) · 관검석인상(오른쪽)

원성왕릉 | 경북 경주

　석사자상은 성덕왕릉, 원성왕릉, 흥덕왕릉에서 볼 수 있다. 성덕왕릉에는 두 마리, 원성왕릉과 흥덕왕릉에는 네 마리의 사자상이 있다. 원성왕릉은 네 마리의 사자가 무덤 앞쪽에 석인상과 나란히 배치되어 있으며, 흥덕왕릉은 네 마리의 사자가 무덤 주위를 호위하듯 둘러앉아 있다. 그리고 원성왕릉과 흥덕왕릉의 사자상은 아주 사실적으로 표현되어 있다.

　신라 왕릉 주위에는 오래된 소나무 숲이 형성되어 있는 경우가 많다. 특히 흥덕왕릉은 입구에서 소나무 숲을 지나야 왕릉 영역이 나온다. 소나무로 둘러싸여 있어 온화한 느낌을 주며, 소나무 숲이 왕릉을 지키고 있는 듯해 보인다.

　하지만 왕릉이 없었다면 일제 시대 등을 거치면서 전국적으로 소나무를 벌목할 때, 왕릉 주위의 소나무도 사라졌을지 모른다. 왕릉처럼 신성

돌사자상 | 흥덕왕릉

시되는 곳 주위의 나무는 함부로 취급하지 않았기 때문에 살아남았을 것이라는 생각이 든다. 그래서 소나무가 왕릉을 지키는 것이 아니라, 왕릉이 소나무를 지키는 셈이 되는 것이다.

흥덕왕릉은 봄과 가을에 일교차가 클 때, 일출 시간에 가면 안개가 자욱한 소나무 숲을 볼 수도 있다. 흥덕왕릉의 안개 낀 소나무 숲은 과연 장관이다. 짙은 안개가 발생하는 날이 많지는 않지만, 다른 왕릉에서 볼 수 없는 아름다움을 느낄 수 있다.

경주 삼릉에는 안개가 자주 발생하고 빛 내림 사진도 담을 수 있지만, 나는 흥덕왕릉의 소나무 숲을 더 좋아한다. 그 매력을 느껴 봤으니까.

그리고 경주에는 수많은 왕릉급 무덤들이 있지만, 그 무덤의 주인을 정확히 알 수 있는 무덤은 많지 않다. 대부분은 증거 없이 간단한 기록 등을

아침 안개가 낀 소나무 숲 | 흥덕왕릉

참고로 추정하고 있는 상황이다. 하지만 무열왕릉과 흥덕왕릉은 그 무덤의 주인을 정확히 알 수 있는 대표적인 사례에 해당된다.

무열왕릉은 현재 왕릉 앞쪽에 비석의 귀부와 이수가 남아 있다. 귀부는 거북이 모양으로 된 비석의 받침돌을 말하며, 이수는 용이 새겨져 있는 머릿돌을 말한다. 글자가 새겨지는 비석의 몸체를 '비신'이라 하는데 무열왕릉의 비신은 사라지고 없는 상태이다.

하지만 이수의 두 마리 용 가운데 부분에 '태종무열대왕지비'라 새겨진 글자가 있어 이 무덤의 주인이 '무열왕'임을 알 수 있는 증거가 된다.

흥덕왕릉 앞쪽에도 현재 귀부가 남아 있다. 규모가 굉장히 큰 편에 해당되지만, 머리 부분은 형체를 알 수 없을 정도로 누군가가 의도적으로 파손한 듯하다.

이수와 귀부 | 무열왕릉비

'흥덕' 글자가 있는 비편 | 흥덕왕릉비

하지만 귀부 근처에서 비석의 조각들이 일부분 발견되었다. 그 파편에 적힌 글자 중에서 '흥덕'이라는 글자가 나온다. 그래서 이 무덤의 주인이 '흥덕왕'이라는 증거로 삼는 것이다.

고대 사회의 왕릉에서는 비석이나 무덤 속에 넣어 두는 지석이 있는 경우가 극히 드물기 때문에 현재로서는 대부분 추정할 수밖에 없는 것이 한 계점이다.

천년의 미소,
얼굴무늬수막새

목조 건축물의 기와지붕은 넓은 암키와를 놓고 암키와와 암키와가 만나는 부분에는 수키와를 덮는다. 그리고 처마 끝에는 앞이 막힌 막새로 마감을 한다. 막새에도 암막새와 수막새가 있으며, 여러 가지 문양으로 장식을 한다. 암막새에서 앞이 막힌 부분, 즉 문양으로 장식된 둥근 부분을 '와당'이라고 한다.

신라 와당 중에는 연꽃무늬로 장식된 것들이 대부분이다. 하지만 수줍은 듯 해맑게 미소 짓는 여인의 얼굴이 조각된 매우 특이한 얼굴무늬수막새가 경주에서 발견된 것이다. 이 아름다운 미소 때문에 얼굴무늬수막새를 우리는 '신라의 미소' 또는 '천년의 미소'라고 부른다. 여인의 얼굴이 조각된 와당으로 처마 끝을 돌아가며 장식을 했다니 파격적이지 않을 수 없다. 그래서 이 와당은 신라를 대표하는 유물이 된 것이다.

얼굴무늬수막새 I 국립경주박물관

얼굴무늬수막새 우표 | 저자 소장

발견된 얼굴무늬수막새는 어떻게 보면 얼굴의 일부분이 떨어져 나간 깨어진 기와 조각에 불과한 완전하지 못한 와당이다. 하지만 떨어져 나간 부분 때문에, 오히려 쑥스러워하는 듯한 여인의 모습이 더 잘 표현되고 있는지도 모른다.

가끔은 완전하지 못하기 때문에 더 큰 매력을 느끼게 되는 경우도 있다는 것을 이 와당을 통해서 경험하게 된다. 나는 이런 것을 두고 '불완전의 매력'이라고 표현하고 싶다.

나는 어릴 적에 우표를 통해서 이 와당을 처음 접했다. 내가 초등학교 다닐 때에는 방학이 되면 매번 우표 모으기를 방학 숙제로 내주곤 했다.

대부분은 숙제를 위해서 집에 있던 우표를 억지로 모아서 형식적으로 제출했다. 하지만 이런 과정을 반복하면서 나는 우표 모으기에 취미를 붙이게 되었으며, 오랫동안 우표를 모아 왔다.

처음에는 몇 장 되지 않는 우표를 마르고 닳도록 보았기 때문에, 오래도록 기억에 남는 우표들이 많이 있다. 그 당시에 나는 우표에 나오는 문화유적을 어른이 되면 꼭 가 보고 싶다는 생각을 했었다. 그중 하나가 얼굴무늬수막새이다. 내가 지금도 문화유적을 좋아하는 것이 그때의 영향을 받은 것인지도 모르겠다.

그렇다면 이 예쁜 와당에는 어떤 사연이 있을까?

1932년 경주 오릉 뒤편에 있는 영묘사지(지금의 흥륜사)에서 이 와당이 발견되었다. 경주에 있는 골동품상들의 이목은 이 희귀한 모습의 와당에 집중되었으며, 결국 골동품상이었던 구리하라의 손에 넘어갔다. 당시 27세였던 일본인 다나까 도시노부는 이 와당의 소식을 듣고 단숨에 달려가 100원을 주고 곧바로 구입했다. 그때 100원은 현재의 가치로 환산하면 대략 300만 원이 넘을 것으로 추정하고 있다.

현재 300만 원이면 일반 직장인 평균 월급 이상의 수준이다. 얼굴무늬수막새의 정확한 가치를 알지 못하는 상황에서, 한 달치 월급을 내놓고 선뜻 구입한다는 것이 쉽지 않을 수 있다. 하지만 다나까 도시노부는 이 와당의 가치를 한눈에 알았을까?

다나까 도시노부는 경주에 있는 야마구치 의원에서 공중의로 근무하던 의사였다. 그가 1940년에 일본으로 돌아간 후 얼굴무늬수막새는 사람들

흥륜사(영묘사지) | 경북 경주

의 기억 속에서 잊혔다. 하지만 국립박물관 경주분관장으로 온 박일훈은 32년 전의 일을 떠올리게 되었다.

이 와당의 행방을 수소문한 끝에 다나까 도시노부가 일본 기타큐슈에서 병원을 운영하고 있으며, 얼굴무늬수막새를 가지고 있다는 것을 알게 되었다. 박일훈 관장은 다나까 도시노부에게 편지를 보내는 등 여러 가지 경로를 통해서 경주박물관에 기증해 줄 것을 부탁했다. 결국 다나까 도시노부의 마음은 움직였으며, 1972년에 경주박물관을 직접 찾아 기증을 했다. 따라서 쑥스러운 듯한 미소를 짓는 얼굴무늬수막새를 경주박물관에서 볼 수 있게 된 것이다.

다나까 도시노부가 근무하던 야마구치 의원 건물은 지금도 그대로 남아 있다. 현재 경주경찰서 대각선 맞은편에 있는 화랑수련원이 바로 그

화랑수련원(구, 야마구치의원) ㅣ 경북 경주

건물이다. 이 건물은 일제 시대에 지어진 건물의 냄새가 물씬 풍기는 듯
하다. 다나까 도시노부에 대한 고마움 때문인지 몰라도, 이 건물이 앞으
로도 잘 보존될 수 있기를 기대해 본다. 일제의 잔재로 볼 수도 있지만,
보존 가치가 있는 것은 원형 그대로 보존되는 것도 중요하리라 생각한다.

얼굴무늬수막새는 국보나 보물로 지정된 문화재는 아니지만, 그 가치
의 중요성이 높아서 신라를 대표하는 문화재로 여겨지고 있다. 그래서 화
려한 감투보다 자신의 역할에 최선을 다하는 사람이 진정한 국보라는 생
각이 든다.

경주 남산 열암곡 불상들의 발굴 사연

열암곡 석불좌상과 5㎝의 기적 열암곡 마애불

불상의 구성은 크게 광배와 불신 그리고 대좌로 이루어진다. 부처님은 몸에서 금빛이 발산된다고 한다. 그래서 광배는 부처의 몸에서 뿜어져 나오는 빛을 형상화한 것으로 불신 뒷면에 세워져 있다. 불신은 부처님 몸을 말한다. 그리고 대좌는 부처님을 받치고 있는 탁자로, 상대석·중대석·하대석으로 구성된다.

남산의 열암곡 석불좌상은 발견 당시 파손이 심한 상태로 부재들이 여기저기 흩어져 있는 상태였다. 불신은 불두가 없는 상태였으며, 대좌는 중대석 없이 상대석과 하대석만 남아 있었고, 광배는 10여 조각으로 파손되어 주변에 흩어져 있었다고 한다.

2005년 10월, 문화재에 관심이 많은 한 시민이 열암곡 석불좌상 일대를 답사하던 중 근처에서 불두 한 점을 발견하게 되었다. 이 불두에 대한 조사 결과, 열암곡 석불좌상의 불두임이 확인되었다. 이것을 계기로 2007년 3월부터 이 일대에 대한 발굴 조사와 보수 정비 사업이 진행되었다.

열암곡 석불좌상은 중대석이 유실된 상태라 적절한 크기와 높이를 판단하는 데 어려움이 있었다고 한다. 또 중대석 복원을 위해 2톤이 넘는 돌을 운반하는 과정에서 산불방재용 헬기를 동원해 군사 작전을 수행하듯이 치밀하게 진행되었다고 한다. 이러한 정비 사업의 결과, 지금과 같이 석축단 위에 열암곡 석불좌상이 모셔지게 된 것이다.

열암곡 석불좌상은 풍만하면서도 안정감 있는 신체 표현, 광배와 대좌의 간결하면서도 섬세한 조각 수법 그리고 몸에 밀착시켜 입은 얇은 가사 등으로 미루어 볼 때 통일 신라 시대 불상의 특징을 보여 주고 있다.

열암곡 석불좌상 | 경주 남산 열암곡

열암곡 석불좌상 | 경주 남산 열암곡

　내가 열암곡을 찾았을 때가 1월 말 오후였다. 겨울이라 해의 남중고도
가 낮고 해가 역사광으로 비추고 있었기 때문에 자연적으로 뒤쪽의 나무
숲이 어둡게 배경 처리되었다. 물론 약간의 보정 작업은 가미되었지만 쉽
게 이런 사진을 얻을 수 있었다. 그래서 '사진은 타이밍이다'라고 하는 것
같다. 원하는 사진을 촬영하기 위해서는 내가 가고 싶을 때 가서 찍는 것
이 아니라, 자연이 허락하는 시간에 가서 찍어야 한다.

　사실 자연적으로 좋은 장면이 연출되는 시간을 어느 정도는 파악할 수
있지만, 원하는 사진을 얻기 위해서는 자연이 좋은 장면을 연출해 줄 때
까지 그 장소에 가는 것이 중요하다.

열암곡 석불좌상 일대의 정비 사업 과정에서 근처에 넘어져 있던 큰 바위 면에서 대형 마애불이 조각되어 있는 것을 발견하게 되었다. 이것이 바로 5㎝의 기적으로 알려져 있는 열암곡 마애불상이다. 열암곡 마애불상을 보고 있노라면, '어찌 이런 행운이 있을 수 있을까?' 하는 감탄이 절로 나온다.

열암곡 마애불상은 석불좌상에서 30m 정도 떨어진 곳에 있으며, 발견되기 전에는 잡목이 우거져 있고 또 등산로에서 조금 떨어진 경사진 곳이라 사람들의 접근이 없었다고 한다.

열암곡 마애불상은 화강암 바위에 조각되어 있으며, 불상이 조각된 면이 땅바닥을 향한 채 엎어져 있다. 그런데 마애불의 코와 바닥과의 간격이 5㎝에 불과하다. 마애불이 새겨진 바위가 앞쪽으로 엎어질 때, 얼굴

열암곡 마애불상 | 경주 남산 열암곡

열암곡 마애불상(가상으로 세운 모습)

위쪽의 바위 면이 먼저 땅에 부딪히면서 얼굴과 바닥 사이에 틈이 생긴 것이다. 따라서 얼굴의 손상을 막을 수 있었던 것이며, 이것을 두고 사람들은 '5cm의 기적'이라고 말하는 것이다.

부처님의 은덕 때문인지는 몰라도, 약간의 차이 때문에 마애불이 파손되지 않고 온전하게 보존될 수 있었다. 또 이 불상은 땅바닥으로 엎어져 있기 때문에 풍화 작용을 거의 겪지 않아 원형이 비교적 잘 남아 있다. 이런 것을 두고 '불행이 오히려 행운을 낳은 것'이라고 하는 것일까?

이 불상은 풍화 정도 등을 통해서 볼 때, 제작된 지 오래되지 않아 넘어졌을 가능성이 크다고 추측해 왔다. 하지만 2018년 문화재청이 의뢰해 연구한 결과, 1557년 강한 지진에 의해 넘어졌을 가능성이 높다고 분석했다. 또 인근에서 발견된 토기의 연대 측정을 바탕으로 8세기 후반에 만들어졌다는 결과를 내놓았다. 그리고 이 연구에서 불상을 세우는 문제도 검토해 봤지만, 워낙 무거워서 불상을 바로 세우는 입불은 결정하지 못했다.

통일 신라 때 제작된 열암곡 마애불상은 머리에서 발끝까지 높이가 460cm, 발아래 다섯 장의 연꽃잎으로 이루어진 연화 대좌가 100cm로 전체 높이는 560cm이며, 무게가 80톤에 이르는 대형 마애불이다. 또 볼륨감 있는 얼굴과 날카로운 눈매, 도톰한 입술, 좌우로 벌어진 발이 특징이다.

언제가 될지 모르지만 나는 마애불이 입불되면 일출 시간에 맞춰 꼭 다시 찾아갈 것이다. 일출에 비친 부처님의 얼굴이 나를 반기듯 환히 웃을지도 모르니까?

황룡사 9층 목탑과
황룡사 역사문화관

  고속도로 경주 요금소를 거쳐 시내로 진입하다 보면 가장 먼저 만나는 조형물이 얼굴무늬수막새이고, 그다음 만나는 조형물이 황룡사지 치미이다. 아마도 경주를 대표한다는 의미가 포함되어 있는 것 같다.

  치미는 기와지붕의 용마루 양 끝에 설치되는 장식물로, 황룡사지 치미의 높이는 182㎝이다. 이 정도 크기의 치미라면 아주 큰 규모에 속하기 때문에, 금당의 규모도 대단했을 것이라는 짐작이 간다. 또 금당 앞에 있던 목탑의 규모도 상상을 초월했을 것이다. 치미를 자세히 들여다보면 사람 얼굴 문양이 조각되어 있는데 간소하면서도 우수한 표현력 때문에, 보고 있노라면 자연스레 미소를 짓게 된다.

  황룡사지 금당의 면적은 동서 길이가 51.7m이며, 남북 길이가 26.7m로 420평(1,380㎡) 규모이다. 금당은 부처님을 모시는 건물을 통칭해서 부

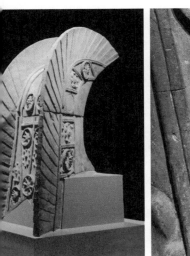

황룡사 치미(왼쪽), 치미에 새겨진 얼굴 문양(오른쪽) | 국립경주박물관

금동장륙삼존불상 받침석 | 경주 황룡사지

목탑지 심초석과 심초석 위 방형석재 | 경주 황룡사지

르는 말이다. 황룡사 금당의 주불은 높이 4.8m 이상의 장륙존상과 두 분
의 협시불로 이루어진 금동장륙삼존불상으로 『삼국유사』에 기록되어 있
다. 이는 신라 최대의 금동 불상으로 추측되지만, 정확한 크기와 제작 시
기 등은 알 수 없다고 한다.

불교 교리에 부처의 키가 1장 6척이라고 되어 있다. 장륙상은 이를 근거
로 실물 크기로 만든 부처의 조각상이다. 요즘의 척도로 1척은 30㎝이기
때문에 1장 6척을 환산하면 약 4.8m의 크기가 된다는 것이다. 물론 정확
한 높이는 알 수 없지만, 금당 터에 남아 있는 금동장륙삼존불상을 받치고
있던 받침석의 크기만 봐도 불상의 규모가 대단히 컸음을 짐작할 수 있다.

황룡사 9층 목탑의 높이는 80m이며, 면적은 한 변의 길이가 22.2m로
150평(493㎡) 규모이다. 목탑의 규모가 얼마나 거대했을지를 보여 주는 것

금당 터에서 본 목탑지 | 경주 황룡사지

이 지금도 남아 있는 심초석이다. 심초석과 초석들을 통해 감히 목탑의 위용을 가늠해 볼 수 있다.

심초석은 목탑의 가운데 기둥을 받치고 있던 석재이다. 심초석은 땅속에 묻혀 있어서 그 크기를 한눈에 파악하기는 어렵지만, 드러나 있는 심초석 윗면의 모습과 심초석 위에 놓여 있는 10톤 정도의 방형석재만 보더라도 그 규모를 짐작할 수 있을 것 같다. 심초석은 435㎝×300㎝의 긴 타원형으로 두께는 128㎝, 무게는 약 30톤이라고 한다.

나의 기억으로는 대략 20년 전쯤에 이 탑을 복원하기 위한 본격적인 시도가 있었다. 하지만 그 당시의 목조 건축 기술로는 복원할 수 있는 높이가 40m 정도밖에 되지 않는다는 전문가들의 판단이 내려졌다. 40m라면 수치로 봤을 때는 황룡사 9층 목탑의 높이인 80m의 절반 정도이지만, 실

목탑지의 심초석과 초석 | 경주 황룡사지

제의 건축 기술로는 절반이 아니라 그보다도 훨씬 떨어진다고 보는 것이 맞을 것이다. 왜냐하면 건축물은 높이가 조금만 높아지더라도 훨씬 많은 기술력이 필요하기 때문이다.

　최근에 다시 복원을 하기 위한 움직임이 있으며, 전문가들은 80m 높이를 복원할 수 있다는 분위기이지만 기술적으로 가능한지는 여전히 불명확한 상태이다. 또 건축 도면이 존재하지 않기 때문에 정확한 모습도 알 수 없는 상태이다. 다만 『삼국유사』 등에 기록된 내용은 1층에 불상을 모신 예배 공간이 있고, 계단을 통해 9층까지 걸어 올라갈 수 있다는 정도이다. 따라서 80m 높이의 목조 건축물을 기술적으로 건축할 수 있다고 하더라도 원형의 모습을 유추하는 데 따른 큰 난제가 남아 있다.

　현재로서는 남산자락의 옥룡암 뒤편에 있는 부처바위에 새겨진 9층탑

옥룡암 부처바위 | 경주 남산

을 바탕으로 황룡사 9층 목탑의 모습을 유추하고 있다. 그리고 개성 고려박물관 도록에 있는 개성 불일사 5층 석탑에서 발견된 금동 9층탑이 황룡사 9층 목탑 복원에 큰 도움이 될 것으로 보고 있다.

　현재 황룡사지 서쪽에는 황룡사 9층 목탑의 구조와 관련 유물 등을 소개하는 황룡사 역사문화관이 자리하고 있다. 황룡사 9층 목탑이 여러 가지 이유로 당장은 복원이 어렵지만, 이런 아쉬움을 달래 주기 위해 실제 크기의 10분의 1로 축소한 모형 탑을 만들어 황룡사 역사문화관에 전시하고 있다. 모형 탑이지만 정교하게 제작되어 있어, 그 옛날 황룡사에 우뚝 서 있었을 9층 목탑의 아름다움을 조금이나마 느낄 수 있다.

　이 모형 탑을 제작하는 데에는 설계부터 제작 완성까지 약 8년의 기간

금당지에서 본 황룡사 역사문화관 | 경주 황룡사지

이 소요되었다고 한다. 그런데 백제의 장인 아비지가 처음에 황룡사 9층 목탑을 만드는 데 소요된 기간은 3년 정도였다고 한다. 물론 현재는 원형을 유추하는 데 따른 어려움이 있었겠지만, 첨단 장비 등이 없던 신라 시대에 비하면 이 모형 탑을 만드는 데 소요된 시간이 훨씬 많았다는 것에 대해 아이러니한 느낌이 들 수밖에 없다.

황룡사 역사문화관 1층 로비에 있는 모형 탑에는 날이 어두워지면 조명이 들어온다. 야경으로 보는 목탑의 모습은 감히 형용할 수 없을 만큼 아름답게 보였다. 2층에는 전시관 및 영상관이 마련되어 있어 황룡사의 옛 모습을 공부하는 데 많은 도움이 되고 있다. 또 2층에서 보면 좀 더 황룡사지 전체의 위용을 가늠할 수도 있다.

황룡사 9층 목탑은 신라 선덕여왕 때 자장율사의 건의로 아비지에 의해

황룡사 9층 목탑 모형 | 경주 황룡사 역사문화관

목탑지에서 본 일출 | 경주 황룡사지

643년에 공사를 시작해서 645년에 완공되었다. 당시 신라는 목탑을 세울 수 있는 기술이 없었기 때문에 백제의 장인 아비지에게 도움을 요청하게 된다. 하지만 신라와 백제는 대립을 하고 있는 상황이기 때문에 아비지 입장에서는 고민을 하지 않을 수 없었을 것이다. 사실 삼국은 대립을 하고 있는 상황이지만, 불교를 중심으로 하는 문화 교류는 어느 정도 전개되고 있었기 때문에 전혀 불가능한 일은 아닌 듯하다.

황룡사 9층 목탑을 만든 이유는 크게 두 가지로 볼 수 있다. 하나는 선덕여왕을 여자라는 이유로 무시하고 조롱하는 주변국과 신하들에 대한 강한 지도력을 보여 주기 위한 표현이었다고 볼 수 있다. 또 하나는 주변에 있는 9개 나라를 물리치고자 하는 염원이 담겨 있는 것으로 볼 수 있다. 이런 염원 때문에 문화수준이 백제보다 낮다는 국가적 자존심도 감수하면서 백제의 기술을 전수받아 이 탑을 건립한 것이다.

이 탑은 층수마다 물리치고자 하는 적국이 명시되어 있는데 1층은 일본, 2층은 당, 3층은 오월, 4층은 탐라, 5층은 응유, 6층은 말갈, 7층은 거란, 8층은 여진, 9층은 예맥을 상징한다. 여기서 고구려와 백제가 등장하지 않는 것은, 신라가 삼국을 통일하기 이전부터 우리 삼국은 하나의 민족이라는 의식을 가지고 있었음을 보여 주는 것이다.

하지만 최근에는 5층을 상징하는 '응유'가 '백제'를 의미한다는 견해가 있다. 그렇다면 아비지의 입장에서는 더더욱 이 탑을 건립하기 위한 결심이 어려울 수 있었을 것 같다. 이처럼 외적의 침입을 막고자 하는 염원이 담겨 있는 이 탑은 1238년 몽고의 6차 침입 때 아쉽게도 불타 버렸다.

백제에 익산 미륵사가 있다면, 신라에는 경주 황룡사가 있는 것이다. 그만큼 두 사찰은 규모 면에서 다른 사찰과는 비교가 어려울 정도로 거대하다고 볼 수 있다. 이런 황룡사가 창건된 것은 만들어질 운명 때문이었을까? 처음에는 월성 동쪽에 새로운 궁궐을 지으려고 했는데 여기서 황룡이 나타나자 사찰로 바꾸어 짓게 하고 황룡사라 이름 붙였다고 한다.

또 황룡사 하면 솔거가 그린 금당 벽화가 유명하다. 솔거는 신라의 천재 화가이다. 어느 날 황룡사에 들른 솔거가 금당 벽면이 비워져 있는 것을 보고 늙은 소나무, 즉 노송을 그렸는데 얼마나 사실적으로 그렸는지 새들이 나무에 앉으려고 날아들다가 벽에 부딪혀서 죽었다는 이야기가 있다. 물론 이 이야기는 대부분 알고 있는 내용이다. 하지만 솔거의 〈노송도〉가 그려져 있었던 금당이 바로 신라 최대의 사찰인 황룡사였다는 것을 되새겨 보면 좋을 것 같아서 언급하게 되었다.

이언적의
흔적을 찾아서

경주의 양동마을은 안동의 하회마을과 더불어 유네스코 세계유산에 등
재되어 있는 문화유산이다. 양동마을과 하회마을은 세시풍속과 관혼상제
등 마을의 전통이 오랜 세월 동안 온전하게 지속되고 있기 때문이다. 주
민들이 실제로 살고 있는 마을이 세계문화유산에 등재된 것이 특이점이
라고 할 수 있다.

우리나라에는 세계문화유산에 등재된 곳이 13곳, 세계자연유산에 등
재된 곳이 제주도 1곳이다. 그래서 유네스코 세계유산에 등재된 곳은 총
14곳이 된다. 간혹 세계문화유산과 세계유산을 혼돈해서 같은 의미로 사
용하는 오류를 범하는 경우를 본다. 즉, 세계유산은 세계문화유산과 세
계자연유산 그리고 세계복합유산을 합친 것이다. 복합유산은 문화유산과
자연유산의 특징을 동시에 가지는 유산을 말한다.

양동마을 무첨당 | 경북 경주

양동마을에서 가장 오래된 가옥은 서백당이다. 서백당은 약 500년 전에 월성 손씨 손소라는 사람이 지은 집이다. 손소의 딸과 여강 이씨 이번이라는 청년이 혼인을 하면서 서백당에서 처가살이를 하게 된다. 조선 초기까지는 남자들이 결혼 후 처가살이를 하는 경우가 종종 있었다. 그리고 이번이 자식을 낳고 분가를 하면서 지은 집이 무첨당이며, 두 사람 사이에서 태어난 아이가 바로 이언적이다.

이언적이 과거에 급제해 관직으로 진출한 후 경상도 관찰사로 부임했던 적이 있다. 이때 중종은 이언적에게 병든 노모 봉양을 위해 집을 한 채 하사했는데 그 가옥이 향단이다. 향단은 이언적이 한양으로 복귀한 뒤 동생 이언괄이 거주하게 되었으며, 여강 이씨 향단파 종가로서 지금까지 이언괄의 후손들이 살고 있다.

양동마을을 대표하는 가옥은 서백당, 무첨당, 향단 그리고 관가정을

꼽을 수 있다. 무첨당과 향단에는 여강 이씨 후손들이 살고 있으며, 서백당과 관가정에는 월성 손씨 후손들이 살고 있다. 향단은 향나무가 있어 붙여진 이름이다. 또 양동마을은 마을 곳곳에서 수령이 오래된 향나무를 쉽게 볼 수 있는 것이 특징이다.

  양동마을에서 조금 떨어진 안강읍 옥산리에 있는 독락당은 이언적이 김안로의 등용을 반대하다가 미움을 받아 관직에서 파직당하고 고향으로 낙향하여 지은 사랑채이다. 이언적은 이곳에서 성리학을 깊이 있게 연구하면서 후진을 양성하였다.

  성리학의 이기론은 주리론과 주기론이 양대 산맥을 이룬다. 주리론은 이언적에서 시작되어 이황이 집대성한 이론이며, 주기론은 서경덕에서 시작되어 이이가 집대성한 이론이다.

주리론은 기보다 이를 강조하면서 도덕적 원리를 중시하였으며, 주기론은 이보다 기를 강조하면서 경험적 세계를 중시하는 이론이다. 또 주리론은 내면의 세계를 중심으로 하면서 인간의 도덕적 가치를 강조하는 이론이며, 주기론은 외면적인 모습을 중심으로 하면서 실천과 실리를 강조하는 이론이다.

독락당은 현재 안채에 후손들이 기거하고 있기 때문에 출입이 제한되고 있다. 바깥채 중에서 중심 건물에는 옥산정사라는 현판이 걸려 있는데 이는 이황이 쓴 친필이다. 그리고 이 건물의 지붕을 자세히 보면 비대칭으로 되어 있다. 이언적이 기거했던 가옥에서는 이런 비대칭의 구조를 흔히 접할 수 있는 것이 특징이다. 즉, 정해진 틀에 갇혀 있는 것이 아니라 자유분방한 모습과 개성을 살린 모습을 볼 수 있다. 이런 것이 대유학자

독락당 옥산정사 | 경북 경주

의 포용력이라고 할까?

안쪽 건물에는 양진암과 계정이라는 현판이 걸려 있다. 계정은 말 그대로 '계곡에 있는 정자'라는 뜻을 가지고 있기 때문에, 계곡의 흐르는 물과 경치를 잘 감상할 수 있도록 지어 놓았다. 계정에서는 마루를 최대한 계곡 쪽으로 내밀기 위해 까치발 기둥을 세운 것이 눈여겨볼 만하다.

건물을 제대로 느끼기 위해서는 마루에 올라가서 경치를 바라보는 것도 중요하고, 또 바깥에서 그 건물을 바라보는 것도 필요하다. 그러니 계곡 아래로 내려가서 계정을 바라보면서 정자와 경치를 감상하고 또 자연과의 조화를 느껴 보기 바란다. 계곡에서 계정을 바라보면 인지헌이라는 현판이 걸려 있다.

또 눈여겨볼 만한 것은 양진암이다. 양진암(養眞庵)에서 '庵(암)'은 사찰

계정 마루에서 본 양진암 | 경주 독락당

암자를 의미하는 글자이다. 조선 시대는 유학이 중심이 되는 사회이므로 불교가 탄압을 받던 시대이다. 그러면 어떤 연유로 대유학자가 기거하는 독락당에 암자, 즉 불교를 의미하는 건물이 들어온 것일까?

이언적은 유학자이지만 근처에 있는 정혜사의 스님과 활발한 교류를 했다. 그래서 스스럼없이 언제든지 찾아와서 머물 수 있도록 하기 위해 정혜사 스님에게 방을 한 칸 내어 준 것이다. 바로 양진암의 주인은 정혜사 스님이라는 의미이다. 여기에서 느낄 수 있는 것은 대인배는 소인배들과는 달리 포용력이 넓다는 것이다.

독락당 정문에는 솟을대문이 높이 솟아 있다. 이 솟을대문만 보더라도 이 집의 규모를 짐작할 만하다. 그리고 이 대문에는 여강이씨 옥산 종택(종가집)이라는 문패가 붙어 있다. 이언적의 종가집은 양동마을에 있는 무

독락당 솟을대문 | 경북 경주

첨당이라고 알고 있다. 그런데 독락당에도 종가집이라는 문패가 걸려 있어 혼돈이 온다.

무첨당과 독락당은 모두 이언적이 살던 곳인데 어떤 사연이 있는 것일까? 이언적의 본부인에게는 아들이 없었다. 그래서 양자를 들여서 후손을 보게 되고, 그 후손들이 현재 무첨당을 지키면서 대를 이어 가고 있다. 하지만 이언적의 두 번째 부인은 아들을 낳았다. 그 아들의 후손들이 현재 독락당을 지키면서 살고 있기 때문에 별도의 종가집이 형성된 것 같다.

독락당에서 개울을 건너면 옥산서원이 나온다. 옥산서원은 이언적이 죽고 나서 제자들이 선생의 업적을 기리고 제사를 지내기 위해서 세운 것이다. 조선 시대의 초등교육기관은 서당이며, 중등교육기관은 서원과 향교, 고등교육기관으로는 성균관이 있다.

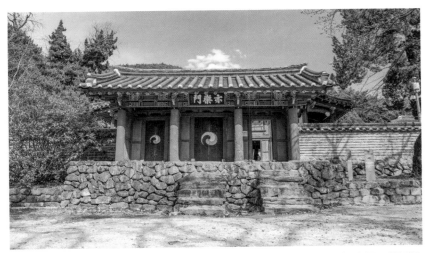

　서원과 향교의 공통점은 교육기관이면서 제사 기능을 가지고 있는 것이다. 차이점은 서원은 사립학교이며, 향교는 국립학교라는 것이다. 또제사 기능에서도 서원에서는 자신들이 존경하는 선현에 대해서 제사를지내기 때문에, 각각의 서원들에서 배향하는 선현이 다르다. 그래서 각서원마다 사당의 이름이 다르다.

　향교에는 반드시 공자의 위패를 모신 문묘가 있다. 즉, 모든 향교에는공자의 사당인 대성전이 있다. 물론 공자만 모시는 것은 아니다. 공자 이외에 향교의 특성에 따라 여러 명의 선현을 모시고 있다.

　옥산서원의 정문은 역락문이다. 역락문을 들어서면 인위적으로 계곡물을 끌어다가 만든 수로가 있다. 이것은 물을 건너면서 마음가짐을 새롭게하고 몸가짐을 단정히 하라는 경계로 삼기 위한 것이다. 즉 서원에 들어와서는 행동을 함부로 하지 말라는 의미이다.

그리고 나오는 건물이 무변루이다. 1층은 사람들이 드나드는 문이며, 2층은 누마루로 되어 있다. 일반적으로 서원의 강당 앞에 있는 누마루는 개방적으로 되어 있으나, 무변루는 폐쇄적으로 되어 있는 것이 특이하다. 누마루 양쪽에는 방이 있으며, 중앙부 앞쪽에는 문이 달려 있다. 이는 다른 서원에서는 볼 수 없는 구조이다.

마당 양쪽에는 유생들이 기거하는 기숙 공간이 있다. 동재인 민구재와 서재인 암수재가 있으며, 일반적으로 선배들이 동재에 머물게 된다. 공부를 하는 강학 공간인 강당의 이름은 구인당이며, 구인당 뒤편 높은 곳에는 이언적의 사당인 체인묘(體仁廟)가 있다. 일반적으로 사당의 이름에는 '祠(사)'가 붙지만, 옥산서원에서는 '祠(사)' 대신 '廟(묘)'를 쓰고 있다. '廟' 자를 쓰는 것은 '祠'자보다 한층 격이 높다는 의미가 된다.

수로 | 경주 옥산서원

무변루 그리고 민구재와 암수재 | 경주 옥산서원

　이언적과 관련된 건물들의 현판들 중에는 '구인당'과 '체인묘' 그리고 독락당의 계정에 붙어 있는 '인지헌' 등과 같이 '仁(인)'자가 포함된 경우가 종종 있다. '仁'은 성리학의 중심 덕목인 인·의·예·지·신 중에서도 으뜸이다. 여기서 느낄 수 있는 것은 이언적은 '仁(인)'을 중요시했다는 것이다.

　옥산서원의 현판에는 재미있는 사연이 있다. 선조가 옥산서원에 보낼 현판을 쓰기 위해 당대 최고의 명필가인 한석봉을 불렀다. 하지만 최고 권력자인 영의정 이산해도 명필가로 알려져 있었기 때문에, 젊은 한석봉의 입장에서는 선뜻 수락하기 어려웠던 모양이다. 한석봉은 선조에게 이산해가 써야 한다며 정중히 거절했고, 선조도 그런 상황을 알아채고 이산해에게 현판을 쓰게 했다. 그 대신 건물 명칭의 현판들은 한석봉이 쓰게 된 것이다. 구인당과 무변루 그리고 역락문의 현판은 한석봉의 글씨이

옥산서원 구인당 | 경북 경주

다. 이산해는 토정비결로 유명한 토정 이지함의 조카이다.

　일반적으로 현판들은 검은 바탕에 흰 글씨로 되어 있다. 하지만 옥산서원 현판은 흰 바탕에 검은 글씨로 되어 있다. 이는 다른 서원에 비해 격이 높음을 보여 주는 것이다.

　옥산서원에는 다른 서원에 비해 특이한 점이 많다. 구인당에는 옥산서원 현판이 앞쪽과 안쪽에 2개 붙어 있다. 다른 서원에서는 흔치 않은 일이다. 1839년에 구인당이 소실되어 다시 지으면서 헌종이 당대의 최고 명필가인 추사 김정희에게 현판을 다시 쓰게 했다. 추사가 쓴 현판을 바깥에 걸고, 이산해가 쓴 현판은 안쪽에 걸게 되었다. 이로써 옥산서원은 명필가들이 쓴 현판의 전시장을 연상케 할 정도로 화려해진 것이다.

옥산서원과 독락당을 지나 마을 끝자락으로 가면 통일 신라 때 만들어진 정혜사지 13층 석탑이 있다. 높이가 5.9m로 높은 편에 속하는 탑은 아니지만, 우리나라에서 층수가 가장 높은 탑이다. 남한에서는 정혜사지 석탑이 13층으로서는 유일하다. 경천사지 10층 석탑과 원각사지 10층 석탑이 그다음으로 층수가 높다.

일반적인 석탑은 네모난 돌을 다듬어 기단을 쌓고 그 위에 탑신을 올린다. 그런데 정혜사지 13층 석탑의 기단은 가장자리에 자연석 돌을 쌓고 그 안에 흙을 채운 토단으로 되어 있다. 또 탑신부는 1층의 몸돌과 지붕돌은 거대하지만 2층부터는 몸돌과 지붕돌이 급격히 작아진다. 오히려 1층의 규모가 상대적으로 비대하기 때문에 위층의 탑신부를 안정적이고

구인당 마루에서 본 이산해 현판 | 경주 옥산서원

정혜사지 13층 석탑 | 경북 경주

정혜사지 13층 석탑과 별 궤적 | 경북 경주

균형감 있게 받쳐 주는 듯하다.

정혜사지 13층 석탑은 유래를 찾아보기 어려운 독특한 양식이며, 작지만 기품이 당당하기 때문에 홀로 서 있어도 외롭지 않은 탑이라는 생각이 든다. 그래서 나는 이 탑을 작지만 작지 않은 탑이라고 이야기한다.

현재 우리나라에 남아 있는 탑 중에서 가장 오래된 탑은 익산 미륵사지 석탑(639년)이며, 석탑 중에서 높이가 가장 높은 탑은 월정사 8각 9층 석탑으로 15.2m이다. 또 전탑 중에서 높이가 가장 높은 탑은 안동 신세동 7층 전탑으로 16.8m이다. 그래서 일반적으로 석탑과 전탑을 구분하지 않고 이야기할 때, 높이가 가장 높은 탑은 안동 신세동 7층 전탑이라고 하는 것이다.

2부

노블레스 오블리주

선비의 고장 함양,
학사루와 남계서원

　경상남도 함양은 소백산맥 산간 지역으로서 경치가 좋고 물이 맑은 고장이다. 함양 안의에서 서하 및 서상을 거쳐 육십령 고개를 넘어가면 전라북도 장수가 나온다. 육십령이라는 이름처럼 골짜기가 깊은 곳이다. 이 육십령에서 흘러내려 오는 계곡이 바로 함양의 화림동계곡이다. 화림동계곡은 물이 맑고 경치가 아름다워 선비들이 풍류를 즐기던 정자들이 많이 있다. 대표적인 정자로는 농월정, 군자정, 동호정, 거연정 등이 있다.
　보통 선비의 고장 하면 안동을 떠올린다. 그런데 함양도 안동 못지않게 선비들이 많이 배출된 선비의 고장으로 유명하다. 조선 시대에는 좌안동, 우함양이라 할 정도로 안동과 함양은 선비들이 많이 배출된 지역이다. 보통 선비 하면 떠오르는 것 중에 하나가 바로 정자와 누각이다. 안동에는 정자와 누각이 24개 있다. 그런데 함양에는 정자와 누각이 67개

농월정 | 경남 함양

있다. 이것만 봐도 함양이 얼마나 선비들이 많이 배출된 선비의 고장인지
를 알 수 있다.

현재 함양 군청 앞에는 학사루라는 누각이 있다. 이 학사루는 김종직
선생과 관련된 유명한 일화가 있는 곳이다. 김종직은 밀양 부북면 출신이
다. 지금도 밀양에 가면 추원재라는 집이 있는데 그곳이 바로 김종직의
생가이다. 김종직은 대유학자로서 사림세력의 중심인물이다.

조선이 건국될 때 이성계의 역성혁명에 찬성했던 신진사대부는 그 공
을 인정받아 중앙 정계로 진출해 관직을 차지하게 되었다. 이 사람들을
우리는 훈구파라고 한다. 그런데 역성혁명을 반대했던 신진사대부들은
중앙으로 진출하지 못하고 지방으로 내려와 숲속에 묻혀 자연과 더불어
지내야 했다. 이런 사람들을 우리는 사림파라고 한다.

학사루 | 경남 함양

성종은 유교 정치를 실현하기 위해 지방에 머물러 있던 김종직을 중앙으로 불러들인다. 그 후 김종직을 중심으로 하는 사림세력이 대거 중앙으로 진출하게 되면서, 훈구세력이 사림세력을 견제하기 시작한다. 중앙정치에 비애를 느낀 김종직은 정치 싸움에 휘말리지 않기 위해, 밀양에 계신 노모 봉양을 이유로 외직을 신청한다. 그 결과 고향에 가까운 함양의 군수로 부임하게 되었다.

김종직은 함양군수로 와서 학사루에 올랐다가 조선 최대의 간신배로 알려져 있던 유자광이 쓴 시를 보게 된다. 그때 "어찌 간신배 따위가 여기에 시를 걸 수 있는가?" 하며 편액을 떼어 내어 불을 질러 버렸다. 이 사실을 들은 유자광은 분을 삼키지 못했지만 훗날을 도모하며 복수의 날을 기다리게 되었다.

남계서원 | 경남 함양

　그러던 중 성종이 죽고 연산군이 왕위에 올랐다. 김종직의 제자인 김일손은 『성종실록』을 편찬하는 사관이 되어 『성종실록』의 사초에 자신의 스승이 쓴 조의제문을 실었다. 조의제문은 중국 초나라 항우라는 사람이 의제를 몰아내고 왕위를 찬탈한 사건을 두고 의제의 억울한 죽음을 슬퍼하면서 조문을 간다는 뜻이다.

　단종을 몰아내고 왕위를 찬탈한 세조를 빗댄 것이라 여긴 유자광은 이것을 이용하고자 했던 것이다. 유자광은 조의제문을 사초에 실은 것을 문제 삼아, 세조를 비방하는 것은 대역죄인과 마찬가지라 주장했다. 유자광은 연산군을 찾아가 계속적으로 조의제문에 대한 문제점을 지적하니 연산군도 마음이 흔들리게 된 것이다.

　이에 사림의 간언에 증오를 느끼던 연산군은 김일손을 비롯한 사림세

력을 대대적으로 처벌하게 되었다. 이것이 바로 피의 사화인 무오사화이
다(1498). 사화는 사림이 화를 당했다는 뜻이다. 이 무오사화 때 김종직은
무덤을 파서 다시 목을 베는 부관참시를 당했다. 이러한 무오사화의 시발
지가 된 곳이 바로 학사루이다.

김일손 외에도 김종직의 제자로는 김굉필과 정여창 등이 있다. 함양에
있는 남계서원은 정여창 선생을 기리는 서원인데, 우리나라에서 두 번째
로 설립된 서원이다.

일반적으로 서원은 앞쪽에는 공부를 하는 강당이 있고, 뒤쪽의 높은 곳
에는 제사를 지내는 사당이 있다. 이런 건물 배치를 전학후묘 양식이라고
한다. 서원의 전형적인 건물 배치 양식인 전학후묘 양식의 시초가 된 곳

남계서원 | 경남 함양

남계서원 풍영루 | 경남 함양

지형을 살린 서재 | 함양 남계서원

이 바로 남계서원이다. 그래서 남계서원은 두 번째로 설립되었지만, 전
학후묘 양식으로는 첫 번째가 되는 것이다.

남계서원은 정문인 풍영루를 들어서면 정면에 강당인 명성당이 있고 양
쪽으로 동재와 서재가 있으며, 강당 뒤쪽에는 정여창 선생을 기리는 사당

이 있다. 일반적으로 서원마다 제사를 지내는 대상이 다르다. 왜냐하면 각 서원마다 자신들이 섬기는 선현이 다르기 때문이다. 따라서 서원에 있는 사당은 각 서원마다 이름이 다르게 붙어 있다. 그런데 남계서원은 시초라서 그런지 몰라도 사당의 이름 현판이 붙어 있지 않은 것이 특징이다.

정여창 선생은 선비들을 많이 양성해 우함양이라는 말의 기틀을 마련했던 사람이다. 이러한 정신적인 측면까지 고려해서 남계서원은 유네스코 세계문화유산에 등재되었다. 그리고 함양군 지곡면 개평마을에는 정여창 고택이 있다.

남계서원 바로 옆에는 김일손 선생을 기리는 청계서원이 있다. 남계서원은 다소 공간이 비좁은 듯하지만, 청계서원은 상대적으로 답답한 느낌이 들지 않을 만큼 공간적 여유가 있다. 김일손은 1495년 연산군 때 이곳

김일손을 기리는 청계서원 | 경남 함양

에 '청계정사'를 지어 유생들을 가르쳤다. 무오사화 후 폐허가 되었지만, 1921년에 원래의 모습으로 건물을 다시 지어 '청계서원'이 되었다.

　청계서원에서 특이점은 강당 바로 앞에 오래된 소나무가 있다는 것이다. 잡념을 없애고 학문에만 전념하도록 하기 위해서 강학 공간은 복잡하지 않게 하는 것이 일반적이다. 그래서 큰 나무가 강학 공간에 있는 경우는 흔한 일이 아니다. 소나무의 수령이 꽤 되어 보이는 것을 보니, 청계서원을 지을 때 이미 있던 소나무를 그대로 둔 듯하다. 이처럼 나무 한 그루도 소중히 여기는 것이 선비들의 마음이다.

합천 해인사
팔만대장경과 장경판전

1232년 몽고의 침입으로 대구 부인사에 보관되어 있던 초조대장경이 소실되었다. 이를 대신하여 강화도에서 부처님의 힘을 빌려 몽고의 침입을 막고자 하는 염원으로 1236년에 팔만대장경을 조판하기 시작했다. 그후 16년 만인 1251년에 81,258장의 목판을 완성하였다. 8만 장이 넘기 때문에 '팔만대장경'이라 부르는 고려대장경은 불교 경전을 집대성한 것으로, 내용이 방대하지만 잘못된 글자가 거의 없을 정도로 정밀하면서도 글씨체가 아름답고 우수하다.

이 목판으로 인쇄하여 책으로 묶었더니 수량이 6,815권이다. 사실 6,815권이라는 책의 수량이 얼마나 많은 것인지에 대해 가늠이 잘 안 될 수도 있다. 그래서 나름대로 단순하게 계산해 봤다.

한문을 잘 아는 사람이 보름에 하루씩 쉬면서 하루에 한 권의 책을 읽는다고 가정했을 때, 팔만대장경 전체를 읽는 데 소요되는 기간이 20년이나 되는 분량이다. 이 어마어마한 대장경 사업은 국책 사업이 아니었다면 감히 상상조차 할 수 없는 일이다. 이를 통해서 고려가 얼마나 불교를 숭상하는 국가였는지를 실감케 한다.

목판으로 만들어진 팔만대장경이 600여 년 동안 썩지 않고 잘 보존될 수 있었던 것은 그것을 보관하는 장경판전의 공로가 크다고 할 수 있다. 조선 초기에 합천 해인사에 장경판전을 지어 팔만대장경을 강화도에서 옮겨 왔다.

합천 해인사 | 경남 합천

수다라장 앞면

법보전 앞면

수다라장 뒷면

법보전 뒷면

　장경판전의 비밀은 바로 통풍이 잘되는 구조에 있고, 또 바닥에 숯·소금·찰흙 등을 다져 넣어 습도를 자동으로 조절하게 한 데 있다. 결과적으로 습기가 차지 않는 구조로 만들어 놓았기 때문에 나무가 썩지 않은 것이다.

　통풍이 잘되도록 하기 위해 장경판전의 벽면에 있는 창문의 크기는 위아래가 다르며, 건물 앞면과 뒷면은 위아래가 서로 반대의 크기로 되어 있다. 이는 내부로 들어온 공기가 반대편으로 바로 빠져나가는 것을 막아

장경판전 내부 모습 I 경남 합천 해인사

해인사 장경판전 | 경남 합천

아래위로 골고루 돌면서 적절한 습도를 유지하도록 한 것이다.

　장경판전은 앞쪽 건물을 '수다라장', 뒤쪽을 '법보전'이라 한다. 수다라장과 법보전의 창문 모양은 비슷한 듯하지만 크기가 다르다. 그 이유는 법보전은 뒤쪽에는 산으로, 앞쪽에는 수다라장으로 막혀 있어 원활한 통풍을 위하여 수다라장에 비해 창문을 크게 만든 것이다.

　또 바람은 주로 남쪽에서 불어오므로 건물 뒷면의 창문을 앞면에 비해 크게 만들어 바람이 잘 통하도록 하였다. 더불어 건물 앞면의 창문은 아래쪽이 크며, 뒷면은 위쪽이 크다. 이처럼 창문 크기의 적절한 배치에는 원활한 통풍을 위한 과학적 원리가 숨어 있다.

　팔만대장경과 이를 보관하는 건물인 장경판전은 우리가 지켜야 할 귀중한 문화유산임에 틀림없다. 그래서 장경판전은 1995년 유네스코 세계

수다라장 안에서 본 모습 | 합천 해인사

문화유산에 등재되었으며, 팔만대장경은 2007년 유네스코 세계기록유산에 등재되었다. 가끔은 팔만대장경도 세계문화유산에 속하는 것으로 오해하는 경우를 접하는데, 정확한 개념을 알았으면 좋겠다.

세계기록유산은 사회적·문화적 가치가 높다고 인정되는 기록물을 보존하기 위해 지정되며, 세계문화유산은 역사적 중요성과 예술적 가치가 높은 유적이나 건축물 등을 보존하기 위해 지정한다. 유네스코(UNESCO)는 국제연합(UN) 산하에 설치되어 있는 '교육과학문화기구'를 말한다.

백의종군길,
산청과 합천 구간

이순신 장군은 관직에서 파직된 후 선조의 어명으로 백의종군을 하기 위해 권율의 도원수부가 있는 초계로 간다. 한양에서 출발해 순천, 하동, 옥종을 거쳐 산청 남사마을을 지나 단계, 가회, 삼가, 합천 그리고 초계로 연결되는 그 길을 '백의종군길'이라 한다.

백의종군을 할 때 거쳐 갔던 지역 중에서 산청과 합천 구간에 있는 대표적인 문화재를 소개하고자 한다.

하동군 옥종에서 산청군 단성으로 오면 남사마을이 나온다. 남사마을은 '우리나라에서 가장 아름다운 마을 1호'로 지정되어 있는 마을이다. 사실 이는 정부나 공식적인 국제기구에서 지정한 것은 아니고, '한국에서 가장 아름다운 마을 연합회'라는 사단법인 단체에서 지정한 것이다.

사실 이 단체의 시작은 1982년 프랑스에서 조직된 '세계에서 가장 아름

남사마을 회화나무 ㅣ 경남 산청

이사재 | 산청 남사마을

다운 마을 연합회'이다. 자국의 작은 농촌 마을의 아름다운 경관과 문화
유산을 알려 관광을 활성화하려는 의도에서 시작되었다. 이후 이탈리아,
캐나다, 일본, 한국 등이 동참하게 되었으며, 우리나라에서는 '한국에서
가장 아름다운 마을 연합회'가 2011년 결성되었다.

남사마을은 마을의 역사가 약 700년 되었으며, 전통 한옥과 담장이 아
름다운 마을이다. 집 담장의 모양은 집 주인의 신분에 따라 달라진다. 일
반적으로 양반 집을 '반가', 일반 서민 집을 '민가'라 한다.

반가는 말을 타고 가도 집 안이 보이지 않도록 담장을 높게 만든다. 또
반가는 주변에서 쉽게 구할 수 있는 강돌과 황토를 섞어서 쌓는 토담이
며, 상부에는 기와를 올렸다. 그리고 민가는 안이 들여다보일 정도로 담
을 낮게 쌓았으며, 돌로만 쌓은 돌담이라는 점에서 차이가 난다.

목면시배지 ｜ 경남 산청

    남사마을은 '예담촌'이라 부르기도 하는데, '옛 담 마을'의 뜻과 '예쁜 담이 있는 마을'이라는 의미가 있다. 이 담장 길은 대한민국 등록문화재로 지정되어 있다.

    남사마을은 마을 생김새가 반달 모양이라고 한다. 그런데 '달이 차면 기운다'는 말이 있듯이 달이 차면 안 되니까, 중심부에는 집이 들어서지 않도록 했다고 한다. 마을 중간에 있는 주차장 부분이 달의 중심부가 되는 것이다.

    남사마을을 대표하는 고목 중에 수령이 300년 된 회화나무가 있다. X 자로 포개져 있어 사랑나무라고 불리며, 나무 아래를 통과하면 부부가 백년해로한다는 이야기가 전해진다. 이 나무는 생김새도 예쁘지만 돌담과 어우러져 멋진 사진을 담을 수 있는 포토존이 된다.

명륜당에서 본 대성전 | 산청 단성향교

 마을 건너편 언덕에 보이는 오래된 건물이 '이사재'이다. 이사재는 임
꺽정의 난을 진압하는 데 공을 세운 박호원의 재실이다. 원래는 박호원의
노비가 거주하는 거처였으며, 이순신 장군이 백의종군을 할 때 하룻밤을
묵고 갔던 곳이다.

 남사마을에서 단성면 소재지 쪽으로 가다 보면 목면시배지가 나온다.
문익점이 원나라에서 귀국할 때 목화씨를 붓대 속에 넣어 가져와 장인 정
천익을 시켜 처음으로 시험 재배를 했던 곳이다.

 처음에는 재배 기술을 몰라서 겨우 한 그루만 살릴 수 있었지만, 이 한
톨이 전국에 목화씨를 퍼지게 하여 누구나 무명옷을 입을 수 있게 된 것
이다. 백성들이 주로 입었던 삼베는 겨울에 몹시 추웠기 때문에, 질기고
보온이 잘되는 무명의 등장은 가히 의복 혁명과도 같은 것이었다.

단성면 소재지 안쪽에는 교동마을이 있다. 향교가 있는 마을은 '교동'이라는 이름을 가지는 경우가 많다. 이 교동마을도 단성향교, 즉 향교가 있기 때문에 붙은 지명이다.

향교도 서원과 같이 교육 기능과 더불어 제사 기능을 갖고 있다. 향교에는 교육 공간인 명륜당이 있고, 제사를 지내기 위한 사당인 대성전이 있다. 일반적으로 향교의 건물 배치는 전학후묘 양식으로, 교육 공간인 강당영역을 앞에 두고 문묘 영역인 대성전을 강당 뒤쪽에 두는 방식이다.

단성향교도 전체적으로는 전학후묘 양식을 따르고 있다. 하지만 단성향교에서 특이한 점은 명륜당 앞쪽에 있어야 할 동재와 서재가 명륜당 뒤쪽에 배치되어 있다는 것이다. 그렇기 때문에 명륜당이 앞쪽을 바라보고 있는 것이 아니라 뒤쪽을 바라보고 있다.

이러한 배치는 산비탈에 조성하다 보니 공간이 협소하여 효율적인 공

정문에서 본 명륜당 | 산청 단성향교

단계마을 돌담길 | 경남 산청

간 활용을 위한 것이다. 단성향교는 지형적 활용과 건축 형태 등에서 볼 때, 일반적인 형태에서 벗어난 독특한 양식을 갖게 된 것이다.

또 단성향교는 일반인에게 잘 알려져 있는 곳은 아니지만 유서가 깊은 곳이다. 세도 정치 때 삼정의 문란이 기성을 부리면서 단성현은 환곡의 폐단이 가장 심했던 곳으로, 양반 중에서도 세도 정권에 불만을 가진 김인섭 등이 농민 항쟁을 주도하였다.

이때 농민 항쟁의 구심점이 된 것은 단성향교에서 열렸던 향회였다. 단성 농민 항쟁은 이웃한 진주에 영향을 미쳤으며, 농민 항쟁이 전국적으로 확산되는 계기가 되었다. 그래서 단성향교는 농민 봉기의 중심 장소이며, 1862년 진주 농민 봉기의 시발지가 된다.

백의종군길을 따라 단성에서 합천 쪽으로 가다 보면 산청군 신등면 단

계마을이 나온다. 단계마을도 돌담장이 아름다운 마을로 2006년 대한민
국 등록문화재로 지정되었다.

유홍준 교수가 문화재청장으로 재임할 때 우리나라에서 아름다운 돌담
장 마을 18곳을 문화재로 등록했다. 단계마을에서 봤던 돌담장의 아름다
움에서 깊은 감명을 받아 돌담장 마을에 대한 등록문화재 지정을 추진하
게 되었다고 한다.

단계마을은 자연적인 강돌을 이용해 담장을 쌓았으며, 돌과 황토를 섞
어서 쌓은 토석담과 돌로만 쌓은 돌담을 볼 수 있다. 또 전통 한옥과 돌담

능소화가 핀 돌담장 | 산청 단계마을

장이 잘 어우러진 아름다운 마을이다.

단계마을은 단계천이 흐르면서 마을을 감싸고 있기 때문에 마을이 배 (船) 모양을 닮았다. 그리고 강바닥과 마을 바닥의 높낮이 차이가 많이 나지 않아 제방을 높게 쌓아 놓았다. 이 제방의 모양이 배의 아랫부분을 닮았으며, 배 안쪽에 마을이 있는 셈이다.

예전부터 전해 오는 이야기로는 단계마을은 배 모양을 닮았기 때문에 배를 띄우기 위해 물이 넘쳐나 물난리를 많이 겪었다고 한다. 실제로 장마 때 물난리가 나서 산으로 대피를 했다는 이야기를 들은 적이 있다.

부처의 힘을 빌려 물난리를 막기 위해 불상을 세웠는데, 단계 오일장 근처에 있는 '단계리 석조여래좌상'이 그것이다. 이 석조여래좌상이 뱃사공을 의미한다는 이야기도 들은 적이 있다. 또 다른 전설에 의하면, 돛대를 만들어 고목에 걸어 두었더니 물난리가 나지 않았다고 한다.

요즈음 단계마을 근처 들판의 비닐하우스에서는 딸기를 많이 재배한다. '단계 딸기'와 '산청 딸기'라는 이름으로 출하되어 유명세를 타고 있다.

아침 일찍 이사재에서 출발한 이순신은 단계천 냇가에 도착해서 아침밥을 지어 먹고 합천으로 떠났다고 한다. 이순신은 백성들을 생각하는 마음이 각별했다. 그래서 단계마을을 지날 때 마을 중간에 있는 길로 이동하면 백성들에게 민폐가 될 것을 염려해 마을 외곽길을 택했다고 한다.

단계마을에서 합천으로 가다 보면 합천군 가회면이 나온다. 가회는 황매산 철쭉으로 유명한 곳이다. 그리고 황매산 모산재 아래에는 영암사지가 있다. 현재 영암사지에는 통일 신라 때 만들어진 쌍사자 석등과 3층 석탑이 있으며, 금당지 기단에는 사자상이 조각되어 있는 것이 특징이다.

영암사지 쌍사자 석등 ı 경남 합천

단계천 ı 경남 산청

영암사지 쌍사자 석등과 별 궤적 | 경남 합천

  석등의 전형적 양식은 화사석과 기둥이 모두 팔각형인 팔각원당형 석
등인데, 쌍사자 석등은 팔각기둥 대신 두 마리의 사자를 서로 마주 보게
세워 놓았다. 통일 신라의 쌍사자 석등으로는 속리산 법주사와 합천 영암
사지, 그리고 국립광주박물관에 소장되어 있는 중흥사지 쌍사자 석등이
있다.

  법주사 쌍사자 석등은 국보로 지정되어 있지만, 쌍사자에 비해 화사석
의 비중이 커서 비례가 맞지 않는 듯 보인다. 하지만 영암사지 쌍사자 석
등은 보물로 지정되어 있지만, 두 발을 알맞게 벌리고 서 있는 사자와 불
을 밝히는 화사석의 비례가 정확하면서 소박한 아름다움을 주는 예술품
이다. 또 법주사 쌍사자 석등에 비해 규모는 다소 작지만 야무지게 버티
고 서 있는 모습이 당당해 보여 내가 자주 찾는 곳이다.

　가회를 지나면 합천군 삼가면이 나온다. 백의종군길에서 우측 편에 있는 삼가면 외토리에는 남명 조식 선생이 태어난 생가지가 있고, 근처에는 조식이 48세부터 학문을 연구하고 후학을 양성했던 '뇌룡정'이 있다. 조식은 여러 차례 관직에 천거되었지만 출사하지 않고 야인으로서 학문 연구와 후학 양성에 평생을 전념하였다.

　조식은 30세 때 처가가 있는 김해 대동에서 '산해정'을 짓고 후학을 양성하다가, 삼가 '뇌룡정'으로 옮겼으며, 61세 때는 산청에 '산천재'를 짓고 옮겨 갔다. 조식이 말년에 연고가 없는 산청 덕산으로 들어간 것은 지리산을 너무나도 좋아했기 때문에 천왕봉이 보이는 곳에 터를 잡은 것이다. 하늘과 닿아 있는 천왕봉처럼 큰 학문과 도덕을 세상에 전하고 싶었던 것이다. 그래서 조식은 지리산(山)과 하늘(天)의 의미를 담아 '산천재'라는 이

산해정 | 경남 김해

름을 지었다.

또 뇌룡정은 조식이 을묘사직소를 지어 명종에게 올린 유서 깊은 곳이다. '을묘사직소'는 1555년 명종이 조식을 단성 현감에 제수하자 이를 거절하면서 사유를 밝힌 것으로 '단성소'라고도 한다. 서릿발 같은 선비의 기상으로 죽음을 각오하면서 올린 이 상소문에서 조정의 신하들에 대해 준엄하게 비판하였다. 또 명종을 고아로, 대비인 문정왕후를 과부로 표현해 큰 파문을 일으켰던 것으로 유명하다.

뇌룡정 바로 옆에는 조식 선생의 학문과 사상을 따르면서 제사를 지내는 용암서원이 있다. 또 김해 산해정에는 신산서원이 있으며, 산청 산천재 인근에는 덕천서원이 있어 조식을 기리고 있다.

그리고 삼가면 두모마을에는 수령이 500년 된 팽나무와 느티나무가 있는 곳에 괴정쉼터가 있다. 초계로 가던 이순신은 이 괴정쉼터에서 잠시 쉬었다 갔다. 이때 이순신이 종들에게 마을 사람들 쌀로 밥을 짓지 말라고 일렀다고 한다. 그런데도 종들이 이를 지키지 않자, 종들을 엄히 다스리고 쌀을 갚아 주었다는 일화가 전해지는 곳이다.

삼가면 소재지에 있는 삼가 장터는 전국에서 제일 큰 규모의 3·1만세운동이 일어났던 곳이다. 인근의 가회와 쌍백면 주민들까지 모여들면서 참가자가 3만여 명에 이르렀다고 한다. 삼가처럼 작은 시골 마을에서 3만여 명의 많은 사람들이 모여 만세운동을 벌였다는 것은 대단한 일이 아닐수 없다. 이 과정에서 일제의 무자비한 진압이 가해지면서 40여 명이 목숨을 잃었고, 50여 명이 감옥으로 끌려갔다고 한다. 이를 기리기 위해 삼가 장터에는 삼가 3·1만세운동기념탑이 세워져 있다.

덕천서원 | 경남 산청

괴정쉼터 | 경남 합천

  삼가 장터 근처에는 고을 수령들의 연회장으로 쓰였던 2층 누각인 기양루가 있는데, 합천에서 가장 오래된 누각이다. 이순신이 백의종군 때 이 누각에서 잠시 머물렀다는 기록이 있다고 한다. 그렇다면 언제 건립되었는지 불명확한 이 누각은 임진왜란 이전에 건립되었을 가능성이 높은 것이다.

  삼가에서 쌍백과 대양면을 지나면 합천읍이 나오며, 가장 먼저 눈에 들어오는 것은 황강 건너편 절벽에 있는 함벽루이다. '푸른빛이 머문다'는 뜻의 함벽루는 지붕에서 흘러내리는 빗물이 바로 황강으로 떨어지도록 만들어져 있는 것이 특징이다.

  함벽루는 고려 말인 1321년에 처음으로 창건되었으며, 누각 내부에는

삼가 3·1만세운동기념탑 ㅣ 경남 합천

기양루 ㅣ 경남 합천 삼가

함벽루 | 경남 합천

이황, 조식, 송시열과 같은 유명한 선비들의 시가 걸려 있다. 또 누각 뒤편 암벽에 새겨져 있는 '함벽루' 각자는 송시열의 글씨이다. 함벽루에서 내려다보는 황강의 경치는 과연 일품이라고 할 수 있다.

그리고 함벽루 근처에는 강양향교가 있다. 원래 합천향교는 합천읍에 있었지만, 1881년 대홍수 때 합천군청이 수해를 입어 야로면으로 옮겨 가면서 합천향교도 같이 이전하게 되었다. 그런데 10년 후 합천군청만 다시 합천읍으로 옮겨 왔다.

군청소재지에 향교가 없는 것을 아쉬워한 합천읍 인근의 유림들이 1965년 지금의 자리에 다시 향교를 세우면서 명칭을 강양향교라 짓게 된 것이다. 그래서 강양향교는 현재 우리나라에 남아 있는 232곳의 향교 중에서 가장 마지막에 세운 향교가 되는 것이다.

또 강양향교는 일반적인 향교 건물 배치인 전학후묘 방식에서 벗어나 명륜당과 대성전이 나란히 배치되어 있는 것이 특징이다.

합천읍에서 초계로 가다 보면 율곡면 소재지에 도착하기 조금 전에 '개벼리'라 불리는 절벽이 있다. '벼리'는 벼랑을 뜻하는 말이다. 지금은 황강 위로 다리를 만들어 놓았지만, 1980년대까지만 해도 벼랑 중턱 끝에 도로가 만들어져 있어 낙석의 위험이 컸던 곳이다. 나는 어릴 적에 비포장으로 된 이 개벼리 길을 걸어 봤던 기억이 있다. 나름 운치가 있었던 길이었다.

요즘과 같은 자동차가 다니는 도로가 만들어지기 이전에는 이 개벼리 중턱에 나 있는 오솔길로 합천과 초계 사람들은 왕래를 했을 것이다. 하

강양향교 | 경남 합천

지만 이 개벼리는 고개였기 때문에 초계와 합천을 구분하는 문화적 경계가 되기도 했다.

이 길을 개벼리라 부르게 된 것은 초계에 살던 개와 합천의 개가 이 벼리 길을 넘나들면서 사랑을 나누었다는 전설이 전해져 오기 때문이다.

합천과 초계가 조선 시대에는 각각의 행정 단위로 구분되어 합천군과 초계군으로 나뉘어 있었지만, 현대로 오면서 초계는 합천군으로 편입되었다.

임진왜란 당시 권율의 도원수부가 있던 곳이 일반적으로는 현재의 합천군 초계면사무소라고 알려져 있다. 즉, 당시에는 초계관아로 사용되던 곳이다. 그런데 이를 부정하는 학설은 현재 율곡면 율곡우체국이 있는 곳에 도원수부가 있었다고 주장한다. 아직 논쟁이 벌어지고 있는 상황이기

이어해 집 | 합천 율곡면 모여곡

초계면 소재지 | 합천군 초계면

때문에 결론은 전문가들의 몫으로 돌리고자 한다.

어찌 되었든 도원수부는 도원수 권율 장군이 군영을 설치하고 조선군을 지휘하여 일본군을 막아 내던 곳이다. 이순신은 권율의 휘하에서 백의종군을 하기 위해 왔으며, 율곡 모여곡 이어해의 집에 거처를 정했다. 모여곡은 현재 합천군 율곡면 낙민2구 매실마을이다. 이순신은 한 달 보름여 간 모여곡에 머물면서 권율 장군을 찾아가 전황을 전해 듣고 함께 전략을 수립하기도 했다.

이순신이 머물렀던 이어해의 집은 현재 사람이 살지 않은 채 폐허로 남아 있는 상태이다. 그리고 이순신이 백의종군을 하던 기간 중에 가장 오랫동안 머물렀던 곳이 바로 합천이다.

사실 나는 어릴 적부터 산청과 합천의 초계 구간 백의종군길을 수없이도 많이 다녔기 때문에 아련한 추억이 떠오르는 길이다.

표충사와 영남루를
품은 밀양

아리랑의 고장 밀양에는 유명한 곳이 많이 있다. 그중에서 표충사는 신라 태종무열왕 때 원효대사에 의해 창건된 절이다. 처음에는 절 이름이 '죽림사'였다. 즉, 대나무 숲이라는 뜻이다. 지금도 표충사 주변에는 대나무가 많다.

통일 신라 흥덕왕 때 절 이름이 바뀐다. 흥덕왕의 세 번째 왕자가 악성 피부병에 걸려 전국에서 이름난 명의를 찾아 다녔다. 또 이름난 약수를 찾아다니다가, 이곳 죽림사에 와서 약수를 먹고 피부병이 깨끗이 나았다고 한다. 그래서 표충사에 있는 약수를 영험한 우물이라는 뜻에서 '영정약수'라 부른다. 또 절 이름도 죽림사에서 영정사로 바뀌게 된다. 그 후 조선 말에 와서 표충사라는 이름으로 다시 바뀌었다.

일반적으로 사찰은 일주문에서부터 시작된다. 일주문을 지나면 본 절이

나오고, 금강문과 천왕문 등을 지나면 부처의 세계인 대웅전이 나온다.

　표충사는 중간에 천왕문 즉 사천왕문이 있기 때문에, 앞쪽 금강문이 있어야 할 자리에는 금강문 대신 수충루라는 누각이 자리하고 있다. 일반적으로 천왕문과 금강문은 1층짜리 건물로 되어 있고, 금강문을 들어서면 양쪽에 금강역사가 배치되어 있다. 그런데 수충루는 1층에 아무런 구조물이 없이 2층짜리 누각으로 되어 있는 것이 아주 특이한 점이다.

　수충루처럼 2층 누각으로 되어 있는 것은 서원이나 향교에서 볼 수 있는 건물이다. 수충루를 들어서면 넓은 마당이 나오고, 그 마당에서 왼편을 보

영정약수 | 밀양 표충사

수충루에서 본 표충서원 | 경남 밀양

표충사(表忠祠) | 밀양 표충서원 사당

면 정면에 표충사(表忠祠)라는 현판이 보인다. 그런데 이때 '사'자는 절 '사 (寺)'가 아닌, 사당 '사(祠)'이다. 그렇다면 사찰에서 절 '寺'가 아닌 사당 '祠' 를 썼다는 것은 한자를 잘못 쓴 것일까? 그런데 잘못 쓴 것은 아니다.

여기에 있는 표충사(表忠祠)는 임진왜란 때 공을 세운 사명대사, 서산대 사, 기허대사의 영정을 모시고 있는 사당이다. 사당을 중심으로 오른편 에는 유물관이 있고, 왼편의 건물에는 '표충서원'이라는 현판이 걸려 있 다. 즉 수충루부터 시작되는 앞쪽 영역은 바로 '표충서원' 영역이다. 서원 은 유학자들이 머무는 공간으로 유교적 공간이다.

수충루에서 정면으로 보이는 계단 위에 사천왕문이 있다. 이 사천왕문 을 지나면 부처의 세계인 불교 영역이 된다. 그래서 표충사에서는 유교적 공간과 불교적 공간을 구분하기 위해서, 사천왕문을 기준으로 하는 불교

수충루에서 본 사천왕문 | 밀양 표충사

촉석루 야경과 유등축제 | 경남 진주

영역을 조금 높은 곳에 배치해 놓았다.

조선의 사회는 유교와 불교가 물과 기름처럼 섞일 수 없는 관계이다. 왜냐하면 조선 시대는 유교가 중심이 되는 사회로서 불교는 대체로 탄압을 받던 시기이기 때문이다. 그런데 표충사에서는 유교와 불교가 하나의 공간 안에 있다. 그것은 바로 표충사에서만큼은 유교가 불교를 포용했다는 것이다. 이러한 건물 배치 구조는 다른 곳에서는 볼 수 없는 독특한 점이다. 표충사에 간다면 이런 것을 보면서 포용력에 대한 내면의 미덕을 되새겨 보면 좋겠다.

또 밀양을 대표하는 것 중에 하나가 바로 영남루이다. 영남루는 조선의 3대 누각 중 하나이다. 조선의 3대 누각은 밀양 '영남루', 진주 '촉석루',

영남루 야경과 반영 | 경남 밀양

평양에 있는 '부벽루'이다. 이런 누각들은 모두 큰 강을 끼고 있으면서, 경치가 아름다운 곳에 자리하고 있다. 예전에 우리 선비들은 자연을 감상하면서 심신을 수양하는 것을 좋아했기 때문이다.

영남루는 밀양 관아에 소속된 부속 건물로 손님을 접대하거나, 관원들이 휴식을 취했던 공간이다. 영남루와 같은 이런 누각들을 제대로 감상하기 위해서는 건물 안에 들어가서 바깥을 보는 것이 중요하다. 영남루에서 바라보는 밀양강의 탁 트인 시야는 지친 심신을 과히 풀어 주기에 충분하기 때문이다.

여기서 끝날 것이 아니라 건너편에서 영남루를 바라다보는 것 또한 중요하다. 그래서 이런 건물들을 제대로 감상하기 위해서는 건물 안에서도 보고 밖에서도 보는 자세가 필요하다는 것이다.

영남루 I 경남 밀양

영남루에서 본 전경 I 경남 밀양

영남루는 본루를 중심으로 양쪽에 작은 건물들이 배치되어 있는 것이 다른 누각들에 비해 특이한 점이다. 양쪽에 있는 부속 건물 때문에 영남루는 꼭 학이 날갯짓을 하는 듯한 아름다움을 보여 주고 있다.

앞쪽에서 봤을 때 본루를 기준으로 오른편에 있는 작은 건물이 '능파각'이고, 왼편에 있는 건물이 '침류각'이다. 일반적으로 능파각으로 해서 올라가면 본루와는 평면으로 이동할 수 있고, 본루에서 침류각으로 갈 때는 층층이로 이루어진 계단을 통해서 내려가게 된다. 이 층층이 계단 위에도 3층으로 된 지붕이 만들어져 있다. 이런 건물 구조 때문에 영남루는 좌우 대칭이 맞지 않는다.

우리 조선의 유교 사회에서는 비례와 대칭이 맞는 것을 좋아한다. 그럼에도 불구하고 이런 파격적인 건물이 만들어졌다는 것은, 영남루의 포용

표충사 배롱나무 | 경남 밀양

운문사 은행나무 | 경북 청도

양산향교 배롱나무 | 경남 양산

력을 보여 주는 것이다. 그래서 밀양은 표충사나 영남루를 통해서 포용력을 가진 고장이라고 말하고 싶다.

표충사는 여름이 되어 배롱나무가 꽃을 피우면 사진을 담으러 많이 가는 곳이다. 원래 서원이나 향교 그리고 사찰에는 배롱나무나 은행나무를 많이 심는다. 그 이유를 잠깐 소개한다.

배롱나무는 여름에 꽃을 활짝 피우고 나면 병충해 예방을 위해서 스스로 껍질을 벗게 된다. 껍질이 벗겨져서 속을 다 보여 주기 때문에 숨김이 없는 깨끗함을 상징한다. 선비들의 근본정신이 청렴결백이다. 즉 청렴결백을 강조하는 선비정신을 상징하기 때문에, 선비들이 머무는 공간인 서원이나 향교에 배롱나무를 많이 심는 것이다.

은행나무는 잘못 만지면 옻이 오르기도 한다. 은행나무는 다른 나무들과는 달리 독이 있기 때문에 잡벌레들이 달라붙지 않는다. 청렴결백을 강조하는 선비들에게 아첨하는 자나 부정한 자들이 달라붙어서는 안 된다. 은행나무도 청렴결백을 강조하는 선비정신을 상징하기 때문에, 역시 서원이나 향교에 많이 심는다.

사찰에 배롱나무나 은행나무를 많이 심는 것도 비슷한 맥락이라고 보면 된다. 스님의 기본 정신은 무소유이다. 즉 무소유는 숨김이 없이 깨끗하다는 뜻이다. 그래서 깨끗함을 상징하는 배롱나무나 은행나무를 사찰에도 많이 심는 것이다.

노블레스 오블리주의 고장,
의령

경남 의령 하면 가장 먼저 떠오르는 사람이 아마도 곽재우 장군일 것이다. 곽재우는 황해도 관찰사를 지낸 곽월의 아들이다. 조식 선생의 문하에서 학문을 했으며, 34세에는 문과에 합격했지만 글의 내용이 선조의 마음에 들지 않아 취소되었다. 그리하여 관직에 나가는 것을 포기하고 낙동강과 남강의 합류 지점에 있는 기강나루에 집을 짓고 은거 생활을 시작했다.

그러던 중 1592년 4월 임진왜란이 일어나 일본군이 부산포를 점령하고 우리 관군이 속절없이 무너지면서 왜군은 한양으로 북상해 갔다. 하지만 보급로를 확보하기 위한 해군은 남해안을 지키고 있던 이순신에게 패배하고 만다. 그러자 일본군은 육로를 이용해 전라도로 진군하기 위해 함안을 거쳐 의령으로 공격을 해 왔다.

전라도는 곡창지대이기 때문에 왜군이 이 지역을 차지하면 조선 내에서 식량을 자체 조달할 수가 있다. 육군이 진격해 갈 때 서해안을 따라 해군이 올라가면서 보급품을 조달하는 것이 일본의 전략이었다. 전라도는 보급로를 확보하는 동시에 식량을 조달할 수 있는 중요한 위치였기 때문에 필사적으로 차지하고자 했던 것이다.

곽재우는 관군만 믿고 있을 수 없다고 판단하여 사재를 털어 조선에서 처음으로 의병을 일으켰다. 의병은 농민이 중심이지만, 이를 조직하고 지도한 것은 전직 관료와 유학자 그리고 승려 등이었다. 의병이 미흡한 무기와 병력으로 적에게 큰 타격을 입힐 수 있었던 것은, 향토 지리에 익숙했으므로 그에 맞는 전략과 전술로 대처했기 때문이다.

또 조총으로 무장한 왜군과 싸우기 위해서는 조총에 대한 성능 파악이

우선이라는 것을 곽재우는 알고 있었다. 조총은 살상력은 높지만 사정거리가 70보 정도라는 것을 파악하게 된다. 하지만 의병이 사용하는 활은 장정들이 쏘면 보통 100보 이상은 거뜬히 날아간다. 그래서 왜군과의 간격을 무조건 70보 이상 유지함으로써 최초의 승리를 거두게 되었다. 이런 것을 두고 '적을 알고 싸우면 백전백승이다.'고 하는 것이다. 여기서 1보는 현재의 단위로 약 120㎝ 정도이다.

'의병'은 국가에서 징발한 정식 군인이 아니라, 위기에 처한 나라를 구하기 위해 백성들이 자발적으로 참여하고 조직한 군대로 '의로운 병사'라는 의미를 가지고 있다.

곽재우 생가가 있는 의령군 유곡면 세간마을 입구에는 수령이 600여 년 된 '현고수'라는 느티나무가 있다. '현고수'는 북을 매단 나무라는 뜻으

의령 세간리 은행나무 | 곽재우 생가 앞

현고수 | 경남 의령군 세간리

로, 임진왜란 때 곽재우 장군이 이 느티나무에 큰 북을 매달아 놓고 치면서 주변에 알려 의병을 모았다. 그래서 현고수가 있는 의령 세간리는 의병의 발상지가 된다.

경남 함안과 의령의 경계가 되는 강이 남강이다. 곽재우는 지형과 지물을 이용하는 유격 전술로 정암나루에서 남강을 건너려는 일본군을 몰살시켰다. 정암진 전투에서 대승을 거둔 의병은 김시민의 제1차 진주성 전투에 심대승을 선봉장으로 200여 명의 의병을 파견해 진주성 대첩의 승리에도 일조했다. 곽재우는 자신이 가진 것을 다시 나라를 위해서 베푼 미덕을 가진, 즉 노블레스 오블리주를 몸소 실천한 사람이다.

또 의령은 현재 소싸움이 유명한 곳이다. 사실 곽재우가 의병을 일으켰을 때 군사가 많은 것처럼 적에게 속이기 위해 강변에서 소싸움을 시켜 먼지를 날리게 하였다고 한다. 이것이 기원이 되어서 지금도 의령에서는 소싸움 대회가 열리고 있다.

의령 입구에 있는 정암진에는 솥바위라 불리는 '정암(鼎巖)'이 있다. 옛날 무쇠솥에는 발이 세 개 달려 있다. 이 바위도 무쇠솥처럼 발이 세 개 달려 있다고 한다. 무쇠솥은 재물을 의미하기 때문에, 정암을 기준으로 20리(8㎞) 안에 나라님도 감당하기 힘들 정도의 큰 부자가 3명 나올 것이라는 이야기가 전해져 왔다.

의령 소싸움 ㅣ 경남 의령

정암 | 경남 의령   **이병철 생가** | 경남 의령

　이 예언 때문인지는 몰라도 의령 정곡에서 삼성 창업주 이병철, 진주
지수에서는 금성 창업주 구인회, 함안 군북에서는 효성 창업주 조홍제가
태어났다.

　그리고 의령 유곡에 있는 곽재우 생가 인근에는 백산 안희제 생가가 있
다. 일제 시대 때 독립 운동을 전개하기 위해서는 경제적인 여력이 필요
했다. 이에 안희제는 독립 운동 자금 마련과 일본 자본에 맞서는 민족 기
업의 육성을 위해 부산에 '백산상회'라는 무역회사를 설립했다.

　백산상회는 해외 독립 운동 세력의 국내 연락 거점인 동시에 독립 운동
의 기지 역할을 했으며, 국내외 독립 운동 단체에 자금을 지원했다. 안희
제는 민족 교육 및 민족 언론을 육성하고 만주를 무대로 독립 운동을 전
개한 독립 운동가이다.

　안희제는 일반 대중에게는 다소 덜 알려져 있는 인물이지만, '삼백'으로

안희제 생가 l 경남 의령

곽재우 생가 l 경남 의령

백산기념관(옛 백산상회 터) | 부산광역시 중구

불릴 정도로 많은 활동을 했던 독립 운동가이다. '삼백'은 백범 김구, 백야 김좌진, 백산 안희제를 말한다.

나는 의령 하면 곽재우와 안희제를 먼저 떠올리게 된다. 자신이 혜택을 누린 것만큼 가진 것을 사회에 다시 되돌려 놓는 정신, 즉 노블레스 오블리주를 진정으로 실천한 사람이라고 생각하기 때문이다.

사연이 많은 불상,
연가 7년명 금동 여래 입상

연가 7년명 금동 여래 입상은 현존하는 우리나라 불상 중에서 제작 연대(539년, 기미년)를 알 수 있는 가장 오래된 불상이다. 높이 16.2㎝의 자그만 불상이지만, 남한에서 보기 드문 고구려 유물 중의 하나로 그 중요성이 커서 국보로 지정되어 있으며, 현재 국립중앙박물관에 소장되어 있다.

이 불상은 광배의 뒷면에 '연가 7년'으로 시작하는 글자 47자가 새겨져 있다. 글의 내용은 평양 동사의 승려들이 세상에 불교를 알리기 위해 1,000개의 불상을 만들기 시작했으며, 그중에서 29번째로 만들어졌다는 것이다. 여기에서 '연가'는 고구려에서 독자적으로 사용된 연호이다. 이를 통해 경남에서 발견되었지만 고구려 불상이라는 것을 알 수 있다. 또한 당시 고구려의 국력이 매우 컸음은 물론, 불교를 전파하려는 의지가 높았음을 알 수 있다.

일반적으로 불상의 이름을 지을 때는 다음과 같은 원칙을 기준으로 정한다.

특징(지역) ─ 재료 ─ 주인공(부처 또는 보살) ─ 자세

가장 먼저 그 불상을 대표하는 특징을 명시한다. 특이한 특징이 없으면 불상이 있는 지역 명칭을 붙이기도 한다. 이 불상의 뒷면에 있는 글자 중에서 '연가 7년'을 특징으로 삼았으며, 글자를 인용할 때에는 인용문 뒤에 '명'자를 붙이기 때문에 '연가 7년명'이 된다.

두 번째로 그 불상을 만든 재료를 명시한다. 구리로 만든 불상에 금으로 도금을 하거나 금박을 입히면 '금동', 나무로 만들면 '목조', 쇠로 만들면 '철조', 흙을 구워서 만들면 '소조', 돌로 만들면 '석조', 큰 바위에 새겨져 있으면 '마애' 등으로 붙인다. 이 불상은 구리로 만들어 금으로 도금을 했기 때문에 '금동'이다.

세 번째로 부처 또는 보살 등 불상의 주인공을 명시한다. 부처는 여러 종류가 있다. 아미타불, 석가모니불, 비로자나불, 미륵불 등 구체적인 부처의 종류를 명시하기도 하지만, 어떤 부처님인지를 구분하기 어려운 경우 등에는 통칭하여 '불' 또는 '여래'라고도 한다. 보살도 관세음보살, 문수보살, 미륵보살, 지장보살 등이 있다. 이 불상도 부처의 종류를 구분하기 모호하기 때문에 '여래'라고 했다.

끝으로 불상이 어떤 자세를 취하고 있는지를 명시한다. 서서 있으면 '입상', 앉아 있으면 '좌상', 의자에 앉아서 생각하는 모습이면 '반가 사유

연가 7년명 금동 여래 입상 | 국립중앙박물관

연가 7년명 금동 여래 입상 뒷모습

상', 누워 있으면 '와상' 등으로 붙인다. 그래서 이 불상은 서서 있기 때문에 '입상'이다.

이런 원칙을 기준으로 '연가 7년명−금동−여래−입상'이라는 이름이 만들어지게 된 것이다. 일반적으로 불상의 이름은 위에서 본 원칙을 기본으로 작명을 하지만, 약간의 변형이 일어날 수도 있다. 즉, 이런 근거로 만들어진다는 것이지 절대불변의 원칙처럼 절대적으로 따라야 하는 것은 아니다. 하지만 이런 원칙을 알아 둔다면 다소 어렵게 느껴지는 불상 이름을 무턱대고 암기하는 고충은 감소할 것이다.

의령 하촌마을(맨 왼쪽 솟은 산이 불상 발견 장소)

연가 7년명 금동 여래 입상은 여러 가지 사연을 가지고 있어 소개한다. 고구려에서 만들어진 이 불상은 1963년 7월 경상남도 의령군 대의면 하촌리 산에서 발견되었다. 이 불상이 국보로 지정됨에 따라 발견자와 토지 소유자에게는 각각 20만 원의 보상금이 지급되었다. 이것은 당시 기준으로 최고 액수의 보상금으로 기록되고 있다.

현재의 기준으로 볼 때 「매장문화재 보호 및 조사에 관한 법률」등 관련 법률에 따르면 "유물 발견 신고는 7일 이내에 해야 하며, 발견자와 토지 소유자에게 보상금을 균등하게 지급한다."고 되어 있다. 그리고 모든 발견 문화재는 원칙적으로 국가 소유에 해당된다.

이 법률을 근거로 보상금 산정위원회가 유물의 가치를 책정해서 보상금을 지급하게 된다. 그리고 발견 유물이 발판이 되어 발굴 등을 통해 더 많은 유물이 추가로 나올 경우에는 포상금을 지급할 수 있다. 보상금과 포상금은 어떠한 경우에도 각각 1억 원을 넘을 수 없다고 규정되어 있다.

포상금은 5등급으로 구분하여 지급하는데, 문화재 평가액이 1억 원 이상
인 경우(1등급)에는 금액 비율에 따라 2,000만 원 + α로 지급된다.

지금까지 최고액의 보상금을 받은 문화재는 2009년에 발견되어 국보
제318호로 지정된 포항 중성리비이다. 이 비는 지금까지 확인된 비석 가
운데 가장 오래된 신라 비석이다. 이런 점을 인정받아 보상금 산정위원회
는 이 유물의 가치를 1억 원으로 책정하고 그 절반인 5,000만 원을 발견
자에게 지급했다. 발견 지점이 국유지였기 때문에 보상금의 절반은 국가
소유로 들어갔다.

포항 중성리비가 발견되기 전까지는 503년에 건립된 영일 냉수리비가
현존하는 가장 오래된 신라 비석으로 알려져 있었다. 하지만 중성리 신라

중성리 신라비 ㅣ 국립경주문화재연구소

냉수리 신라비 ǀ 포항시 신광면

비가 501년에 건립된 것으로 밝혀지면서 냉수리 신라비보다 2년 앞서게
되었다. 즉, 새로운 비석의 발견으로 냉수리 신라비는 첫 번째라는 지위
를 잃게 된 것이다.

　나는 하촌마을에 갔을 때 마을 노인과 대화를 나눈 적이 있다. 그분은
당시의 상황을 생생하게 알려 주셨다. 당시만 해도 마을 사람들이 무보수
로 부역에 동원되어 마을 일을 하는 경우가 종종 있었다. 부역에 동원된
한 주민이 산사태로 조성된 마을 앞 돌밭에서 자갈을 캐고 있을 때, 네모
반듯한 돌 판석이 보여 집에 가져가서 사용하기 위해 판석을 드니 작은 석
실 하나가 보였다고 한다. 누군가가 인위적으로 땅에 묻어 놓은 석실 안에
는 자그마한 불상이 있었다. 이 불상이 연가 7년명 금동 여래 입상이다.

　내가 만난 마을 노인은 그 당시의 상황을 바탕으로, 조선 시대에 불교
가 탄압을 받을 때 인근에 있던 사찰의 스님이 떠나면서 잠시 묻어 두고
갔는데 찾아가지 못한 것으로 추측을 하셨다. 또 가난했던 발견자는 보상
금으로 빚도 갚고 땅도 2~3마지기 샀다고 하셨다. 땅 1마지기는 200평
을 의미한다. 이처럼 큰 보상금을 받자 마을 주민들은 또 다른 불상이 묻
혀 있을지도 모른다는 판단에 온 산을 파헤쳤다고 한다. 하지만 또 다른
불상은 발견되지 않았다고 한다.

　땅속에서 파낸 불상을 가지고 있다는 소문이 순식간에 돌아 불상을 사
려는 사람들이 찾아왔다고 한다. 이러한 과정에서 소문이 대의면 파출소
까지 들어가면서 경찰관이 찾아와 불상을 건네받아 갔다. 경찰관은 이 불
상이 진짜 금으로 만든 것인지를 알아본다며 들고 다니다가 불상이 바닥

에 떨어져 광배에 금이 가게 되었다.

그 후, 경남도를 거쳐 당시 문화재 업무를 담당하던 문교부에 보고된 뒤 문화재위원들의 만장일치로 국보로 의결되었다. 더군다나 이 불상은 중요성이 커서 발견부터 국보로 지정되기까지 100여 일밖에 걸리지 않았다. 이것은 우리나라의 국보로 지정된 유물 중에서 가장 짧은 기간으로 기록되고 있다.

또 하나의 사연이 있다. 1967년 해방 이후 처음으로 국유 및 개인 문화재 종합 전시회가 덕수궁 미술관에서 열렸다. 이 전시회의 메인 전시품 중 하나가 연가 7년명 금동 여래 입상이었다. 본래 이 불상은 9월 24일부터 10월 23일까지 문화재 애호 기간 동안에만 전시를 할 예정이었지만, 유엔데이(10월 24일)를 맞아 하루 더 연장하기로 했다. 유엔데이는 유엔창립기념일로 당시에는 공휴일이었다.

그런데 10월 24일 오전 11시경 의문의 정전 사태가 일어났다. 사태가 수습되고 나서 보니 유리관 안에 있던 연가 7년명 금동 여래 입상이 사라지고 없었다. 그 대신 불상이 있던 자리에는 메모지 한 장이 남아 있었다고 한다. 그 메모지에는 이렇게 적혀 있었다.

"문화재관리국장에게 직접 알리시오. 오늘 밤 12시까지 돌려준다고. 세계 신기록을 남기기 위해 범행을 한 것이오. 얕은 수작 부리지 마시오. 전화하겠소."

국보급 문화재가 사라진 것에 대해 문화재관리국과 경찰이 발칵 뒤집어졌다. 범인은 문화재관리국장에게 몇 차례 전화를 걸어 돌려준다고 했지만, 경찰은 갈팡질팡할 수밖에 없었다. 그러던 중 밤 11시에 범인은 한

덕수궁 미술관 ㅣ 서울 덕수궁

가을이 깊어 가는 하촌마을 ㅣ 경남 의령

강철교 제 3교각 모래밭에 불상을 두었다고 전화를 했다. 범인이 지목한 곳에서 불상은 찾았지만, 범인은 영영 잡지 못했다. 그래서 이 불상은 도난당했다가 13시간 만에 다시 회수된 기록도 남기게 된 것이다.

　고구려 불상이 경남에서 발견된 것도 특이하지만, 도난 사건이 일어난 것도 의아한 일이 아닐 수 없다. 어찌 되었든 여러 가지 기록을 가지고 있는 사연 많은 불상임에는 틀림없다.

금관가야의 고도,
김해

경남 김해에 있는 구지봉은 가야의 탄생 설화가 전해지는 곳으로, 구릉의 모양이 거북이를 닮았다고 하여 붙여진 이름이다. 백성들이 구지봉에 모여 구지가를 부르며 춤을 추자 하늘에서 붉은 보자기에 싸인 6개의 황금알이 내려왔다. 그 알에서 모두 사내아이가 태어나 6가야의 왕이 되었다. 그중 가장 먼저 깨어난 아이가 수로왕이다. 「구지가」는 우리나라 최초의 서사시로 고대 국문학사 연구에 중요한 자료가 되고 있다.

김수로왕은 금관가야의 시조이자 김해 김씨의 시조이다. 전기 가야 연맹의 맹주인 금관가야는 풍부한 철의 생산과 유리한 해상 교통을 이용하여 낙랑과 왜의 규슈를 연결하는 중계 무역으로 번성하였다. 이로 인해 해상왕국으로 번영을 누려 여러 가야를 대표하는 맹주국이 되었다.

하지만 왜군과 싸우는 신라를 돕기 위해 고구려가 5만의 군사로 낙동강

구지봉 I 경남 김해

김수로왕릉 I 경남 김해

유역으로 공격해 오자, 왜와 연합해 있던 금관가야는 큰 타격을 입어 맹주로서의 지위를 잃었다. 따라서 5세기에 가야 연맹의 맹주는 고령의 '대가야'로 넘어갔다.

대성동 고분은 금관가야를 대표하는 고분이다. 야트막한 구릉 정상부에는 지배층과 왕의 무덤이 있으며, 주변부에는 피지배층의 무덤이 있다. 왕이나 지배층이 죽으면 자신이 거느리던 하인을 함께 묻는 순장 무덤도 있다. 구릉 북쪽에는 순장 무덤을 재현한 야외 전시관이 마련되어 있다.

무덤의 형식은 주로 목곽분이며, 땅을 파고 나무곽을 짠 다음 목곽 안에 주검과 부장품을 넣어 매장하는 무덤이다. 여기에 있는 무덤들은 우리가 흔히 알고 있는 무덤처럼 큰 봉분이 있는 것은 많지 않다. 시기적으로 큰 봉분이 유행하기 전에 만들어진 것으로 평가된다.

대성동 고분이 있는 이 구릉을 '애구지 언덕'이라 부르며, 작은 구지봉 이라는 의미를 가지고 있다. 그래서 김해에서는 구지봉이 갖는 의미가 크 다는 것을 짐작할 수 있다. 애구지 언덕에 있는 일명 왕따나무에서는 일 몰 시간에 맞춰 아름다운 사진을 담을 수 있다.

김해 봉황대 일대는 금관가야 지배층의 집단 취락이 있던 생활 중심지 였다. 봉황대의 동쪽 아래에는 가야 왕실의 왕궁 터가 있고, 그 외곽에는 나성으로 추정되는 가야 시대 토성이 발굴되었다. 또 하늘에 제사를 지 냈던 천제단이 있었던 것으로 추정되며, 대규모 고상 가옥과 방어 시설인 망루 등이 있었음이 확인되었다. 금관가야의 보편적인 주거문화는 반지 하 구덩이를 파고 벽과 지붕을 올린 수혈식 가옥이다. 고상 가옥은 지상

고상 가옥 ㅣ 김해 봉황대 유적

가야 무역항 | 김해 봉황대 유적

과 떨어져 있어 습기에 강하고 또 침수를 막을 수 있으며, 짐승의 침습을 피할 수 있는 장점이 있어 주로 창고용으로 사용되었다.

그리고 봉황대 서쪽 아래에는 배가 정박할 수 있는 접안 시설이 있었다. 이 접안 시설은 가야의 무역항임을 보여 주는 것이며, 다른 나라와의 활발한 교류가 이루어졌음을 알 수 있다. 예전에는 봉황대 일대까지 바닷물이 들어왔는데, 조선 시대와 일제 시대를 거치면서 지금의 김해평야가 간척 사업으로 매립된 것이다. 김해평야는 우리나라에서 비닐하우스 농사가 가장 먼저 시작된 곳이기도 하다.

봉황대 동남쪽에는 가야 시대의 대표적인 회현리 조개무지 유적이 있다. 회현리 조개무지는 1907년 우리나라 최초로 고고학적 발굴 조사가 이루어진 곳으로 유명하다. 조개무지 인근의 봉황대 일대는 집단 취락이 있

회현리 조개무지 유적과 패총 전시관 | 경남 김해

던 곳으로, 가야 사람들이 먹고 버린 조개껍데기가 모여 쌓인 것이다. 생활 쓰레기도 같이 발견되어 그 시대 사람들의 생활상을 파악할 수 있다. 또 중국의 동전인 화천이 출토되어 이 시대에 중국과의 교역도 활발히 이루어지고 있었음을 알 수 있다.

그리고 패총 전시관에서는 조개껍데기가 쌓여 있는 모습을 볼 수 있어 추상적으로만 생각하던 조개무지를 눈으로 확인할 수 있는 좋은 기회가 된다.

선사인의 삶을 느낄 수 있는
동삼동 조개무지

우리나라에서는 기원전 8000년경부터 간석기와 토기를 사용한 신석기 시대가 시작되었다. 이때부터 정착 생활을 시작하면서 농경과 목축을 하게 되었으며, 도구로는 돌을 갈아서 만든 간석기를 사용했다. 수렵·어로·채집을 하던 구석기에서 농경과 목축을 하는 신석기로의 경제적 생활 변화를 '신석기 혁명'이라고 한다. '혁명'은 '큰 변화'를 말한다. 신석기 혁명은 농업 분야의 큰 변화를 말하기 때문에 '농업 혁명'이라고 하며, 또 '제1차 산업 혁명'을 의미한다.

신석기 시대부터는 조와 피 등의 농사를 짓기 시작하면서 돌괭이나 돌보습으로 땅을 일구고 돌낫과 뼈낫 등으로 추수를 하였다. 또 돌갈판과 갈돌을 이용하여 곡식을 갈아서 음식을 만들어 먹었다.

농경과 목축이 발달하면서 어로가 경제생활에서 차지하는 비중은 줄어

들게 되었다. 하지만 물고기는 여전히 식량의 큰 몫을 차지하였기 때문에
신석기인들은 주로 강가나 바닷가에서 생활하였다. 물고기 잡이에는 돌
이나 뼈로 만든 낚시 바늘이나 그물, 작살 등을 이용하였다.

신석기 시대를 대표하는 유적으로는 서울 암사동과 부산 동삼동 선사
유적 등이 있다. 그중에서 바닷가 언덕에 위치한 동삼동 신석기 유적은
조가비와 생활 쓰레기가 쌓여 이루어진 조개무지이다. 이 유적에서 석
기·짐승 뼈·조가비 등으로 만든 생활 도구가 출토되었다. 동삼동 조개
무지 유적은 신석기 패총 유적으로서는 규모가 가장 크다.

그리고 우리나라에서 가장 오래된 신석기 유적은 제주도 한경면 고산
리 유적이다. 이 유적지가 발견되어 학술 조사가 끝나기 전까지는 한반도
에서 신석기인이 살기 시작한 것은 기원전 6000년경으로 알려져 있었다.

고산리 유적지 | 제주시 한경면

　하지만 고산리 유적에 대한 방사성 탄소 연대 측정 결과, 기원전 8000년경의 신석기 유적으로 밝혀졌다. 이로써 한반도에서 신석기의 시작이 2000년이나 앞당겨지게 되었다. 따라서 제7차 교육 과정이 시작된 2002년부터는 신석기의 시작이 기원전 8000년경으로 공부하고 있다. 이러한 유물들의 제작 시기는 방사성 탄소 연대 측정을 통하면 거의 정확히 알 수 있다.

　고산리식 토기는 토기를 빚을 때 벼과 식물 등을 넣어 만들어 그릇 표면에 풀잎 흔적이 남아 있으며, 표면에 무늬가 없는 것이 특징이다. 이러한 섬유질 토기는 우리나라에서는 제주도에서만 출토되었지만, 연해주나 일본 그리고 중국 등에서 넓은 분포권을 보이고 있다. 또 고산리식 토기는 신석기를 대표하는 빗살무늬 토기보다 앞선 시기에 만들어진 것이다.

고산리식 토기 | 제주 고산리유적 안내센터

빗살무늬 토기 | 동삼동 패총전시관

동삼동 조개무지(패총)에서 발견된 신석기를 대표하는 빗살무늬 토기는 이 시기에 농사를 지어 식량을 생산하고 저장했음을 보여 준다. 또 토기의 발명으로 음식물을 끓여 먹을 수 있게 되어 식생활이 더욱 풍부해지고 안정적으로 되었다. 빗살무늬 토기는 아가리가 넓고 아랫부분이 좁기 때문에 모래나 흙에 박아 놓고 사용했다.

　바리 모양 토기는 원래 아가리의 지름과 토기의 높이가 거의 같은 것을 말한다. 하지만 동삼동 패총의 것은 접시 모양에 가까운 얕은 바리 모양 토기에 해당된다. 동삼동 패총의 바리 모양 토기는 접시 용도로 사용된 것으로 보이며, 벌써 이 시기에도 다양한 용도의 토기가 제작되었음을 알

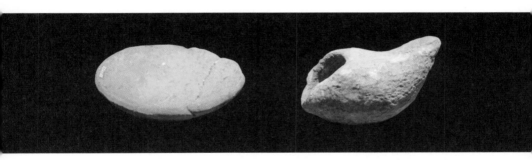

바리 모양 토기(왼쪽), 쇠뿔 모양 토기(오른쪽) | 동삼동 패총전시관

곰 모양 토우(왼쪽), 동물 모양 토우(가운데), 사람 모양 토우(오른쪽)

수 있다.

신석기 시대 사람들은 자연환경에 영향을 받으면서 살았기 때문에 생활 자체가 종교적이고 의례적인 측면이 강했다. 풍요와 다산을 기원하는 의미에서 일부 자연물이나 동식물이 숭배의 대상이 되었다. 자연 현상을 신성시하는 애니미즘과 특정 동물을 숭배하는 토테미즘 등과 같은 원시 신앙이 나타나면서 다양한 형태의 예술품이 만들어졌다.

곰 모양 토우와 토기에 그려진 사슴 그림은 동물을 숭배하는 토테미즘 사상과 풍요를 기원하는 정신세계를 표현한 것이다. 토우는 사람이나 동물 그리고 사물의 형태를 흙으로 빚어 만든 것을 말한다. 또 우리나라에서는 신석기 시대부터 만들어졌으며 해안 지역을 중심으로 출토되며 수량은 적은 편이다. 토우도 주술적 행위를 할 때 의식용으로 주로 사용되었다. 그리고 곰 모양 토우를 통해 곰 숭배 사상이 있었음을 알 수 있다.

사슴 무늬 토기의 사슴 그림은 한반도에서 알려진 가장 오래된 그림 중의 하나이다. 바리 모양 토기의 아가리 주위에 돌아가며 사슴 형상을 새긴 것으로, 세부적인 모습은 과감히 생략하고 사슴의 특징만 간략히 묘사하였다. 또 이 그림을 통해 사슴 숭배 사상도 있었음을 알 수 있다. 그리고 이런 그림이 그려진 토기는 실생활에 사용되었다기보다는 사슴의 사냥을 기원하는 의미나 이와 관련된 의식에 사용한 특수 용기로 추정되고 있다.

우리나라에서는 신석기 시대부터 그림이 그려진 유물을 찾아볼 수 있지만, 다른 나라의 경우 구석기 유적에도 그림이 그려져 있는 곳이 있다. 구석기 시대의 그림은 다소 사실적으로 표현되어 있으며, 신석기로 오면

사슴 무늬 토기 ㅣ 동삼동 패총전시관

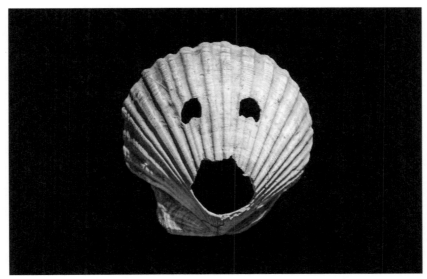

조개껍데기 가면 ㅣ 동삼동 패총전시관

서 간략히 특징만 묘사하는 그림이 나타나게 된다. 이는 신석기로 오면서 인류의 두뇌가 발달하면서 동물의 특징을 잡아내는 능력이 생겼음을 의미한다.

조개껍데기 가면은 가리비 껍데기에 눈과 입에 해당하는 구멍을 뚫어 사람 얼굴 모양으로 만든 것으로, 동삼동 패총에서 출토된 것이 유일하다. 이는 평상시 사용했던 가면은 아니고, 마을 제사나 축제 때 사용했던 의식용 도구이다. 신석기인들은 이처럼 주변에서 구하기 쉬운 재료를 이용하여 예술품을 만들었다.

동삼동 패총에서는 다양한 장신구가 출토되었는데, 그중에서 가장 대표적인 것은 투박조개로 만든 조개팔찌이다. 이는 크기 등으로 보아 주로 여성이 착용한 것으로 추정된다. 또 뒤꽂이와 같은 장신구도 출토가

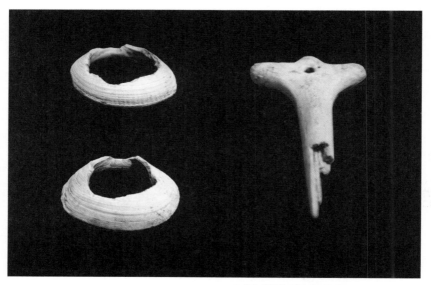

조개팔찌(왼쪽), 뒤꽂이(오른쪽) | 동삼동 패총전시관

되었다. 그 시대에도 아름다움을 추구하는 생활 모습이 있었다는 것을 알 수 있다.

동삼동 패총 전시관은 규모는 작은 편이지만 다른 유물관에서는 보기 힘든 다양한 유물들을 볼 수 있어 신석기인의 삶을 파악하기에 유용하다. 오히려 전시관이 아담해서 유물 하나하나에 대해 깊이 있게 이해하는 기회가 될 수도 있다.

3부

숨어 있는 멋

경천사지 10층 석탑의
우여곡절

　국립중앙박물관에서 꼭 봐야 하는 유물 3가지를 추천한다면, 경천사지 10층 석탑과 연가 7년명 금동 여래 입상 그리고 금동 미륵보살 반가 사유상이다. 박물관을 가면 수많은 유물들이 전시되어 있기 때문에 무엇을 자세히 봐야 할지 혼돈스러운 경우도 있다. 그래서 위에서 언급한 유물 정도는 여유를 가지고 관람했으면 좋겠다.

　현재 국립중앙박물관 1층 로비에 전시되어 있는 개성 경천사지 10층 석탑은 원나라 라마교의 영향을 받아 고려 말에 만들어진 석탑이다. 우리나라에 존재하는 석탑 중에서는 가장 화려함을 자랑하는 석탑이라고 할 수 있다. 그리고 이 탑의 영향을 받아 조선 초기에 원각사지 10층 석탑이 만들어졌다.

　경천사지 10층 석탑의 높이는 13.5m이다. 이 탑의 재료는 우리나라에

경천사지 10층 석탑 | 국립중앙박물관

서 일반적으로 사용하는 석탑의 재료인 화강암이 아니라 대리석이라는 점이 특징적이다. 대리석은 석회암이 높은 온도와 강한 압력을 받아 성질이 변한 돌이다. 또 탑의 층수는 주로 홀수로 만드는 것이 일반적이지만, 10층은 새로운 시작을 의미한다고 해서 사용되기도 한다.

하지만 대리석이라는 재료와 10층이라는 층수는 일반적인 석탑에 비유할 때 다소 특이하다고 할 수 있다. 더불어 이 석탑처럼 화려한 석탑도 보기 드문 경우이다. 즉, 경천사지 10층 석탑은 여러 가지 측면에서 우리나라를 대표하는 석탑 중에 하나라고 할 수 있다.

원래 개성에 있던 경천사지 10층 석탑은 경복궁을 거쳐 국립중앙박물관으로 오게 되었다. 또 남계원 7층 석탑도 개성에서 왔지만, 이 탑과는 오게 된 사연이 조금 다르다. 먼저 경천사지 10층 석탑의 사연을 알아본다.

일본인 다나카 미쓰야키가 1907년 1월 순종의 결혼식에 사절로 왔을 때, 개성에 있던 경천사지 10층 석탑을 보고 무척 마음에 들어 했다. 그래서 그해 3월 일본인들을 동원해 일본으로 가져갔다. 당시 주민들이 일본으로의 반출을 저지했으나 고종 황제가 자신에게 선물로 줬다는 거짓말과 함께 헌병들이 총칼로 위협하면서 밀반출을 하게 되었다.

이 사건이 터지자, 불법적인 반출 사실의 폭로와 석탑 반환에 앞장섰던 외국인도 있었다. 「대한매일신보」의 발행인이었던 영국인 베델과 조선 교육 사업에 앞장서면서 코리아 리뷰의 발행인이었던 미국인 헐버트는 논설과 기사를 통해 석탑 반출의 불법성을 폭로하였다.

이런 노력들의 결과로 불법 반출 사실이 국내 및 국외로 알려지면서 다나카 미쓰야키에 대한 조선 및 일본에서의 비판 여론이 커졌다. 따라서 거센 비판과 반환 요구에 못 이겨 1918년에 다시 국내로 반환하게 되었다. 이런 우여곡절 끝에 되찾아온 경천사지 10층 석탑은 경복궁 뜰에 세워졌다.

고려 때 만들어진 남계원 7층 석탑이 개성에서 오게 된 사연은 다음과 같다.

일제가 조선의 식민통치 5주년을 기념하기 위해 1915년에 경복궁에서

남계원 7층 석탑 | 국립중앙박물관

국립중앙박물관 | 서울 용산

'시정오년기념 조선물산공진회'라는 산업 박람회를 열었다. 조선의 발전
된 각종 문물과 우리 문화재들을 전시함으로써 조선이 일본 덕분에 발전
했다는 것을 선전하면서 식민통치의 정당성을 알리기 위한 것이었다. 이
를 위해 전국에 있던 예술적·문화적 가치가 높은 유물들을 경복궁으로
가져왔다. 개성에 있던 남계원 7층 석탑도 이때 경복궁으로 오게 되었다.

2005년 국립중앙박물관이 용산으로 이전하면서 경복궁 뜰에 있던 유
물들을 함께 옮겨 온 것이다. 경천사지 10층 석탑은 수난을 겪으면서 아
쉽게도 많이 훼손되었지만, 지금은 온전한 모습으로 복원해 놓은 상태이
다. 이 석탑은 자체로도 한국 문화재 수난사를 대표하는 사례라고 할 수
있겠다.

경복궁 광화문에서 근정전까지의 멋

광화문과 흥례문, 영제교 그리고 박석과 월대 이야기

조선을 건국한 태조 이성계가 개경에서 한양으로 도읍을 옮긴 후, 1395년에 처음으로 세운 정궁이 경복궁이다. 경복궁은 도성 안에서도 가장 좋은 명당에 자리를 잡고 있지만 임진왜란으로 불타 버렸다.

고종이 즉위하면서 흥선대원군은 왕실의 권위를 높이고 왕권을 강화시키기 위한 목적으로 위엄과 권위가 돋보이도록 규모가 크고 격식이 엄중하게 경복궁을 중건하였다. 하지만 경복궁 중건을 위해 당백전을 발행하고 원납전을 거두면서 백성들의 많은 불만을 사기도 했다.

당백전은 상평통보의 100배 가치를 가지는 화폐이기 때문에 물가가 상승하는 결과를 초래하였다. 그리고 원납전은 말 그대로 풀이하면 '원해서 납부하는 돈' 즉 기부금을 말하는 것이다. 하지만 원납전이라는 이름하에 강제적으로 거두어들였기 때문에 백성들의 불만이 컸던 것이다.

광화문 | 서울 경복궁 정문

경복궁의 정문은 광화문이다. 그리고 창덕궁은 돈화문, 창경궁은 홍화문, 경희궁은 흥화문, 덕수궁은 인화문이다. 정문의 명칭에는 '백성을 교화한다.'는 의미에서 모두 '화(化)'가 포함되어 있었다. 하지만 덕수궁은 1904년 화재 때 인화문이 소실된 후 남쪽 대신 동문인 대한문을 정문으로 삼게 되었다.

흔히 서울에서 우리나라 어느 도시까지의 거리가 몇 ㎞인지를 이야기할 때, 그 기준이 되는 곳이 바로 광화문이다. 광화문을 기준으로 삼는 것은 그만큼 경복궁이 우리나라의 중심이었음을 보여 주는 것이다.

이렇듯 의미가 깊은 광화문의 변화 과정을 잠깐 언급하고자 한다. 흥선대원군이 중건한 광화문은 1927년 조선총독부 건물이 완공되면서 총독부 건물의 전면을 막는다는 이유로 경복궁의 동문인 건춘문 북쪽으로 옮

광화문에서 본 흥례문 | 서울 경복궁

흥례문에서 본 근정문 | 서울 경복궁

겨졌다. 하지만 한국전쟁 때 상부의 목조 건물이 소실되면서 하부의 석조 기단만 남게 되었다.

그리고 1968년, 남아 있던 기단은 그대로 사용하고 상부는 콘크리트 건물로 재현하면서 원위치로 복귀시키려 했다. 하지만 경복궁 앞에 있는 도로 때문에 일제에 의해 왜곡된 경복궁 정문의 위치를 바르게 잡지 못했다. 따라서 광화문은 경복궁의 중심축과 틀어지고, 원위치보다 뒤쪽으로 물러나 자리 잡게 되었다.

그 후 콘크리트로 만들어진 광화문을 대신해 원형으로 복원하자는 의견이 모아져 사진 자료와 실측 도면 등을 바탕으로 2010년 8월 15일 현재의 모습으로 복원되었다. 이로써 광화문과 흥례문 그리고 근정문과 근정전의 중심축이 일직선으로 복원되었다.

복원 과정에서 광화문 현판의 모습을 담은 사진 자료가 명확치 않아 고증하는 데 어려움을 겪었으며, 우여곡절 끝에 한자로 된 현판을 복원하게 되었다. 하지만 3개월도 지나지 않아 현판에 균열이 발생하게 된 것이다. 일종의 부실이다.

고심 끝에 문화재청이 현판 교체를 결정하자 새로운 논란이 시작되었다. 글씨를 현대적인 감각에 맞게 한글로 해야 한다는 주장과 원형대로 한자로 해야 한다는 주장이 맞섰다. 하지만 글씨는 경복궁 중건 당시의 모습대로 한자로 쓴 글씨를 새기기로 결정했다.

그런데 문제가 발생했다. 흰색 바탕에 검은색 글씨로 된 현판은 고증 자체가 잘못되었다는 지적이 나온 것이다. 그래서 문화재청은 재검증을 통해 광화문 현판의 원래 색상이 검은색 바탕에 금박 글씨였다는 것으로

균열이 간 광화문 현판(2010년 12월 촬영)

균열 조사 모습(2010년 12월 촬영)

결론짓고, 새로운 현판 제작에 대한 최종 결정을 2019년 8월 14일 발표했다. 이로써 9년을 끌어온 광화문 현판에 대한 논쟁이 끝난 것이다. 이번에는 실수가 없기를 바라본다.

광화문을 지나면 흥례문이 나온다. 일제 시대 때 흥례문을 허물고 조선총독부 건물을 세웠지만, 일제 잔재 청산 차원에서 조선총독부 건물을 허물고 현재는 흥례문을 다시 복원해 놓았다. 흥례문과 근정문 사이에는 경회루 연못에서 흘러나오는 물줄기인 금천이 지나간다. 이 금천에 놓인 돌다리가 금천교이다. 금천교를 경복궁에서는 영제교라 부르며, 창덕궁에서는 금천교라 부른다.

조선총독부 모습(1994년 2월 촬영)

경복궁 흥례문(복원된 모습)

금천은 나쁜 기운인 잡귀가 임금의 공간으로 들어오지 못하게 한다는 의미가 있다. 이 금천교를 경계로 해서 임금의 공간과 신하의 공간으로 구분을 하게 된다. 신하들은 이 다리를 지나면서 몸가짐을 바르게 하고 임금을 만나기 위한 마음가짐을 새롭게 하는 상징성을 담고 있다.

또 금천교 양쪽 네 곳에는 천록이라는 상상의 동물을 조각해 놓았다. 잡귀가 임금의 공간으로 들어오지 못하게 지키고 있는 것이다. 그중 한 마리는 혀를 내두르고 있다. 이는 악귀들에게 메롱하는 듯한 익살스런 표정을 하고 있어 눈길을 끈다.

근정문을 통과하면 근정전이 나온다. 경복궁의 중심 정전인 근정전 앞

금천 I 서울 경복궁 **천록** I 서울 경복궁

경복궁 박석 I 서울 경복궁 **창덕궁 박석** I 서울 창덕궁

마당을 조정이라 한다. 왕의 즉위식, 신하들의 하례 등 국가의 중요 행사가 있을 때 대신들은 조정에서 중앙을 향해 도열하게 된다. 그래서 '조정대신들'이라는 말이 나온 것이다.

조정에는 요즘으로 치면 보도블록에 해당하는 박석이 깔려 있다. 박석은 구들장처럼 얇고 넓게 돌을 켜내서 마당에 깔아 둔 것으로, 표면을 울퉁불퉁 거칠게 다듬어 놓았다.

그런데 박석의 표면을 거칠게 한 이유를 두고, 중국 사신이 왔을 때 우리의 신하들이 고개를 들지 못하게 하기 위해서라고, 중국인 관광객을 인솔하는 가이드가 잘못 설명하는 경우를 접한 적이 있다. 의도적인 왜곡인지 아니면 가이드의 무지인지는 몰라도, 우리는 이 박석에 대한 정확한 내용을 알았으면 좋겠다.

박석의 용도 역시 비가 오거나 할 때 통행에 편리함을 주기 위한 목적도 있다. 하지만 박석의 표면을 울퉁불퉁 거칠게 다듬어 놓은 이유 중의 하나는 비가 왔을 때 미끄러짐을 방지하기 위해서이다.

또 하나는 햇빛이 내리쬐는 날에는 빛을 난반사시켜 눈부심을 막기 위한 배려이다. 표면이 매끈하면 반사가 심해 눈이 부셔 눈을 뜰 수가 없다. 그래서 난반사를 시켜 눈을 편안하게 만들기 위해 박석 표면을 거칠게 만든 것이다.

그리고 자객이 침입했을 때 행동을 둔하게 하는 역할도 숨어 있다. 표면이 거칠면 마음대로 뛸 수가 없기 때문이다.

마지막으로 박석이 울퉁불퉁하기 때문에 조정에서 신하들은 걸어 다닐 때 행동을 함부로 할 수가 없다. 바닥의 특성상 고개를 숙이고 아래를 보면서 걸어 다닐 수밖에 없다. 따라서 임금이 있는 공간에서 신하들은 자연스럽게 행동을 조신하게 할 수밖에 없다는 것이다. 이런 이유에서 중국 사신 때문이라는 왜곡이 나온 것 같다.

어찌 되었든 이런 세심한 배려를 모른 채 우리 문화재의 우수함을 비하하려는 태도는 삼가야 할 것이다. 이러한 박석 하나에도 많은 의미가 숨어 있다는 것은 우리 조상들의 지혜를 엿볼 수 있는 중요한 사례라고 할 수 있겠다.

경복궁의 박석은 모양의 생김새가 네모반듯하지 않고 모두 제각각이다. 그래서 언뜻 보면 정돈이 안 된 것처럼 보일지 몰라도, 불규칙한 돌들의 어울림이 주는 자연스러움 때문에 보면 볼수록 그 아름다움의 매력에 빠질 수밖에 없다. 그것은 창덕궁 박석과 비교해 보면 쉽게 알 수 있다.

창덕궁에는 일제 시대 때 순종이 거처를 하면서 박석을 걷어내고 무덤에 심는 잔디를 조정 바닥에 심었다. 이는 우리 대한제국은 죽었다는 의미를 표현하고자 했던 일제의 만행이다. 그 후 1970년대에 와서 다시 박석을 복원해 놓았다. 네모반듯한 박석이 언뜻 보기에는 정돈이 잘되어 있는 것처럼 보이지만 너무 정형화되어 있는 느낌이 들어서 감흥이 덜한 것 같다.

경복궁의 중심 정전인 근정전은 높은 월대 위에 놓여 있다. 월대는 근정전을 받치고 있는 돌로 만든 기단으로 높은 단을 말하며, 건물의 격을 높이는 역할도 하게 된다. 근정전의 월대는 2단으로 되어 있으며, 각각의 기둥에는 동물상이 조각되어 있다. 이 동물상은 네 방위를 지키는 사신과 십이지신상 그리고 서수이다.

사신은 좌 청룡, 우 백호, 북 현무, 남 주작이다. 여기에서 현무는 거북이와 뱀이 뒤엉켜 있는 상상의 동물이며, 주작은 봉황을 형상화한 동물이다.

서수는 월대의 네 귀퉁이에 조각되어 있으며, 하월대와 상월대에 모두

월대 서수와 동물상 | 경복궁 근정전

근정전 월대 | 서울 경복궁

서수 가족상 | 경복궁 근정전

있다. 근정전 앞쪽의 서수가 있는 기둥 아랫부분에는 서수 한 쌍이 새끼를 품고 있는 서수 가족상이 각각 조각되어 있다. 이 서수 가족상을 보고 있으면 앙증맞다는 느낌이 들어 오래도록 머물게 된다.

서수는 성스러운 동물을 의미하는데 아직은 어떤 동물인지 명확히 밝혀지지는 않은 상태이다. 사자라는 주장과 해태라는 주장 그리고 개라는 주장이 있다. 하지만 개인적인 입장으로는 해태에 가깝다고 생각한다.

그리고 정확한 이유는 알 수 없지만 십이지신상 중에서는 개와 돼지 조각상은 배치되어 있지 않다. 십이지신상은 방향과 시간의 개념을 가지고 있기 때문에, 쥐는 북쪽, 말은 남쪽, 토끼는 동쪽, 닭은 서쪽에 배치된다.

근정전 상월대의 앞쪽에는 주작, 뒤쪽에는 현무, 동쪽에는 청룡, 서쪽에는 백호상이 조각되어 있다. 그리고 주작 아래에는 말이 있으며, 현무

아래에는 쥐, 청룡 아래에는 토끼, 백호 아래에는 닭이 배치되어 있어 방위를 알 수가 있다. 이 동물들은 방위를 표시하는 의미가 포함되어 있기 때문에 방위에 맞게 배치해 둔 것이다.

십이지신상 나머지 동물들의 위치는 다소 끼워 맞춘 듯하다. 하지만 동쪽과 서쪽을 기준으로 해서 그 범위를 크게 이탈하지 않게 배치되어 있음을 알 수 있다.

근정전 월대를 오르는 계단 가운데에는 봉황이 조각되어 있는 사각형 소맷돌이 있는데 이것을 '답도'라고 한다. '답도'는 말 그대로 해석하면 '밟는 길'이란 뜻이다. 그런데 실제로 왕이 이 돌을 밟고 지나가는 것은 아니고, 가마를 탄 왕이 그 위를 지나가는 것이다. 왕을 상징하는 봉황 위를 왕이 지나가게 되는 셈이다. 답도 양쪽으로는 서수가 배치되어 있다.

월대 사신상 | 경복궁 근정전

월대 동물상 ǀ 경복궁 근정전

227

근정전 답도 | 서울 경복궁

　근정전 월대는 조각 전시장을 연상케 할 정도로 화려하게 치장되어 있다. 이는 근정전의 규모뿐만 아니라 월대의 화려함으로 신하들을 압도하게 해서 임금의 권위를 한층 더 높게 하기 위함이다.

　이러한 월대의 화려함은 다른 나라에서는 볼 수가 없다. 즉, 근정전의 월대만 보더라도 중국의 궁궐에 뒤지지 않는다는 자부심을 가질 필요가 있다고 본다.

궁궐 지붕에
숨어 있는 이야기

    궁궐에는 많은 건물들이 각각의 기능을 하기 위해 만들어져 있다. 이러한 건물들의 지붕에도 많은 이야기가 숨어 있다. 그래서 궁궐에 갔을 때 지붕도 바라보는 여유를 가진다면 한층 더 만족스러운 여행이 될 것이라 여겨진다.

    건물의 지붕에서 가장 높은 곳에 있는 가로 부분을 용마루라 한다. 또 용마루 양쪽 끝에서 수직으로 내려오는 부분을 내림마루라 하며, 내림마루에서 45도로 추녀 위에 뻗은 부분을 추녀마루라 한다. 추녀는 처마의 네 모서리에서 끝이 위로 들린 크고 긴 서까래를 말한다.

    추녀마루에는 주술적인 의미로 악귀를 쫓기 위해 여러 가지 형상의 토우가 올려져 있는데 이것을 '잡상'이라고 한다. 잡상에는 『서유기』에 나오는 삼장법사, 손오공, 저팔계 등의 이름이 붙는다. 잡상의 이름에서 일반

근정전 잡상 | 서울 경복궁

수정전 잡상(왼쪽), 자경전 잡상(오른쪽) | 서울 경복궁

적으로 이 3가지는 공통적으로 붙지만, 건물마다 숫자가 다르기 때문에 네 번째부터는 이름이 다양하게 붙여지기도 한다.

잡상은 주로 궁궐에서 볼 수 있는 것으로 민가에서는 찾아볼 수가 없다. 그리고 잡상은 일반적으로 홀수로 설치되는 것이 기본이지만 꼭 그런 것만은 아니다. 대표적인 예로 경복궁의 수정전은 잡상이 6개 설치되어 있다.

경회루 잡상 | 서울 경복궁

인정전 잡상(왼쪽), 규장각 잡상(오른쪽) | 서울 창덕궁

또 일반적으로 건물의 권위가 높을수록 잡상의 숫자가 많아지지만, 이 것도 반드시 지켜야 할 정형화된 원칙은 아니다. 대표적인 예로 경복궁에 서는 근정전보다 경회루에 있는 잡상의 숫자가 더 많다.

잡상의 수가 많은 대표적인 건물들을 잠깐 살펴보면, 경복궁 근정전의 잡상은 7개, 창덕궁 인정전의 잡상은 9개이며, 경복궁 경회루의 잡상은

11개이다. 즉, 궁궐 건물들 중에서 잡상의 숫자가 가장 많은 건물은 바로 경회루이다.

다음은 건물의 가장 높은 곳에 있는 용마루에 대해서 알아본다. 용마루는 말 그대로 용을 상징한다. 경복궁에서 왕의 침전으로 사용되는 강녕전과 왕비의 침전으로 사용되는 교태전 그리고 창덕궁의 대조전은 왕과 왕비의 침전이기 때문에 용마루가 없는 것이 특징적이다.

원래 한 건물에는 두 마리의 용이 함께 있을 수 없다고 여겼다. 왕은 살아 있는 용으로 비유되기 때문에 왕이 머무는 침전에는 용마루를 만들지 않는 것이다.

그래서 강녕전과 교태전 그리고 대조전 등의 지붕마루는 다른 건물들

강녕전 | 서울 경복궁

교태전 ┃ 서울 경복궁

대조전 ┃ 서울 창덕궁

에서 볼 수 없는 형태로 만들어졌다. 즉, 용마루를 만들지 않고 지붕마루를 마감하였다는 것이다.

경복궁과 창덕궁을 모두 가 본 사람들 중에서 눈썰미가 예리한 사람은 창덕궁 인정전 용마루를 보는 순간 뭔가 차이가 있음을 느꼈을 것이다. 인정전 용마루에는 구리 동판으로 만든 5개의 이화문이 새겨져 있는데, 이것이 다른 정전에서 볼 수 없는 차이점이다.

원래 이화문은 1897년 대한제국이 되면서 대한제국 황실의 권위를 높이기 위해 황실을 상징하는 문장으로 만들어진 것이다. 이화는 오얏꽃을 의미하는데, 오얏은 자두를 말한다.

조선을 건국한 이성계의 '이씨'가 '오얏 이씨'이다. 그래서 조선 왕조가 '이씨'이기 때문에 오얏꽃, 즉 이화문을 대한제국 황실의 상징으로 삼았다.

그런데 1910년 일제 강점기가 되면서 이화문을 자기들이 유리한 대로 폄하했다는 주장이 있다. 일제는 조선을 이씨의 조선이라 해서 '이씨조선' 또는 '이조'라고 불렀다. 이것은 우리의 조선이 일본 천황의 나라에 속해 있는 하나의 씨족국가라는 의미로 폄하를 하기 위한 것이다. 조선은 일본에 속한 일부분으로 하나의 지역에 해당한다는 것이다.

또 이화문을 '이씨조선'을 상징하는 문장으로 비하하게 된 것이다. 이러한 이유에서 우리 대한제국이 일본의 속국임을 강조하고 널리 알리기 위해 인정전 용마루에 이화문 동판을 새겨 놓았다는 주장이 있다.

인정전 용마루에 있는 이화문을 일본이 우리를 폄하하기 위해 새긴 것이라고 보는 근거는 다음과 같다. 1902년에 촬영한 사진에는 인정전 용마

인정전 이화문 | 서울 창덕궁

루에 이화문이 없었기 때문에, 1897년 대한제국이 수립되었을 때부터는 대한제국의 황실을 상징하는 이화문을 새겨 넣지 않았다는 것이다. 그래서 인정전의 이화문은 일본이 우리를 통치하면서 새긴 것이라는 견해가 우세하다.

그렇다면 왜 창덕궁 인정전에 이화문을 새겨 놓았을까? 1907년 고종이 강제로 퇴위되고 나서 순종이 즉위하면서 덕수궁에서 창덕궁으로 거처를 옮기게 된다. 순종 때는 창덕궁 인정전이 조선을 상징하는 대표적인 건물이 된다. 그래서 인정전 용마루에 이화문을 새겨 놓고 대한제국을 일본에 속해 있는 씨족국가로 인식하게 했다는 것이다.

하지만 대한제국을 폄하하기 위한 일제의 의도라고 보는 명확한 증거도 없는 상태이다. 대한제국에서 새겨 넣었는지 일제의 의도에 의해 새겨 넣은 것인지는 정확히 알 수가 없다.

결과적으로 이화문 자체가 문제가 되는 것이 아니라, 이화문을 어떤 의도에서 어떻게 사용하는가에 따라 중요한 의미가 달라지는 것이다.

어찌 되었든 내가 창덕궁을 갈 때마다 인정문을 들어서는 순간 인정전 용마루에 있는 이화문이 가장 먼저 눈에 들어오는 것은 사실이다.

품계석과 차일고리

    창덕궁이나 경복궁 등의 궁궐에 가면 또 눈여겨봐야 할 것들이 있다. 그중에 하나가 품계석과 차일고리이다. 그런데 품계석과 차일고리는 깊은 관계가 있다. 과연 무슨 연관성이 있을까?

    궁궐에서 가장 핵심적인 공간이 바로 정전이다. 정전은 왕의 즉위식, 신하들의 하례, 외국 사신의 접견 등 국가의 중요 행사가 행해지는 곳이다. 즉, 인정전 등 정전은 임금이 평소에 사용했던 공간이 아니라 국가적 큰 행사가 있을 때 사용했던 건물이다. 창덕궁에서 임금이 평소에 국사를 논의하던 집무실은 선정전이며, 경복궁은 사정전이다.

    그리고 정전의 명칭을 살펴보면 경복궁은 근정전, 창덕궁은 인정전, 창경궁은 명정전, 경희궁은 숭정전, 덕수궁은 중화전이다. 여기서 특이점은 덕수궁 중화전을 제외하고는 '정치를 잘하라'는 의미에서 모두 '정

근정전 | 서울 경복궁

㉴)'이 포함되어 있다. 그렇다면 왜 덕수궁만 예외적일까?

고종은 1897년 러시아공사관에서 덕수궁으로 환궁한 후 정전을 '한쪽으로 치우치지 않는다.'는 뜻으로 중화전이라 했다. 이 시기는 세계 열강들이 조선을 뒤흔들고 있던 혼란기였기 때문에 자주국으로서 당당하게 자리 잡겠다는 의지가 반영된 것이다.

정전의 앞마당은 궁궐 내에서도 특이하게 박석이 깔려 있다. 즉, 박석이 깔려 있는 인정전 앞마당을 조정이라고 한다. 조정의 중간에 있는 길은 임금이 다니는 어도이다. 그리고 조정에는 어도를 중심으로 양쪽에 12개씩의 품계석이 세워져 있다. 이 품계석에 맞춰 문반(동쪽)과 무반(서쪽)이 중앙을 향해 도열하게 된다. 문반과 무반을 합쳐서 양반이 된다. 그래서 조선 시대는 문반과 무반이 중심이 되는 사회이기 때문에 양반사회라고 하는 것이다.

그런데 조선 초기의 궁궐에는 품계석이 없었다. 품계석은 정조 때 조정의 위계질서를 바로잡기 위해 창덕궁 인정전의 조정에 품계에 따른 비석을 세운 것이다. 그 후 경복궁이 중건되면서 근정전 앞에도 품계석이 세워진 것이다. 그러면서 다른 궁궐의 조정에도 품계석을 세우게 되었다.

관직은 등급에 따라 18등급으로 품계를 나누어 놓았다. 정1품·종1품부터 정9품·종9품까지 정품과 종품 각각 9품으로 되어있기 때문에 18품계

품계석 | 서울 창덕궁

가 되는 것이다. 그리고 1품부터 6품까지는 각 등급마다 다시 상계와 하계로 구분되며, 정7품 이하는 상계와 하계의 구분이 없다. 그래서 조선의 관직 등급은 실제로는 30등급이 되는 것이다.

다시 말해서 정1품에서 종6품까지는 총 12품계이고, 각 품계를 다시 상계와 하계로 나누므로 24등급이 되는 것이다. 그리고 정7품에서 종9품까지는 6품계이므로 총 30등급이 되는 것이다.

그리고 정3품 상계까지는 정책을 결정하는 데 참여할 수 있는 등급으로서 당상관이라 부르며, 정3품 하계 이하는 실무를 담당하는 관직으로서 당하관이라 부른다. 또 당하관 중에서 종6품까지는 참상관이라 하며, 정7품 이하는 참하관이라 부른다.

참상관과 참하관의 차이점은 쉽게 말해 지방 수령(군수, 현령)이 될 수 있는지를 기준으로 구분이 된다. 즉, 지방 수령이 될 수 있는 관직이 참상관이다.

기본 품계는 18품계이지만 실제로 조정에 세워져 있는 품계석은 어도를 중심으로 양쪽에 12개씩이다. 3품까지는 정품과 종품으로 구분해서 품계석을 세워 놓았고, 4품 이하는 종품의 품계석은 없이 정품의 품계석만을 세웠다.

정1품에서 종3품까지 6개와 정4품에서 정9품까지 6개이므로 총 12개의 품계석이 세워져 있는 것이다. 즉 품계석은 정1품 · 종1품 · 정2품 · 종2품 · 정3품 · 종3품 · 정4품 · 정5품 · 정6품 · 정7품 · 정8품 · 정9품으로 세워져 있다.

종2품 품계석 양옆에는 한옥의 문고리 비슷한 둥근 쇠고리가 박석에 박혀 있다. 이 쇠고리를 '차일고리'라 부른다. 차일고리의 용도는 천막(차일)을 칠 때 끈을 묶기 위한 것이다. 조정에 치는 천막의 용도도 우리가 일반적으로 알고 있듯이 비를 막거나 햇빛을 가리기 위한 것이다.

그렇다면 천막을 쳤을 때 정3품 중에서 앞쪽에 서 있는 관리까지는 천막의 혜택을 받을 수 있었을 것이다. 정3품 상계, 즉 당상관까지는 천막의 혜택을 받았다는 것이며, 당상관과 당하관의 대우에 차이가 있다는 것을 알 수가 있다. 사실 당상관과 당하관은 누리는 혜택이나 권력에 있어서 많은 차이가 있었다.

천막 속에 있느냐 없느냐가 관리들 입장에서 중요하다고 볼 수 있다. 단순 천막의 혜택을 받느냐 안 받느냐의 문제가 아니다. 천막 속에 있는 사람들이 누리는 권력과 혜택이 훨씬 컸기 때문이다.

나는 조정에서 학생들을 만나면 천막 속에 들어갈 수 있는 사람이 되라고 이야기를 하곤 한다. 자신이 하고 싶은 분야에서 자기가 만족하는 삶을 살 수 있으면 그것이 바로 천막 속에 있는 것이 아닐까?

어도 양쪽에 있는 12개씩의 품계석은 1년 12달을 의미하며, 양쪽을 합치면 24개이므로 24절기를 의미한다. 조선은 농업을 중시하는 사회이다. 농사에는 24절기가 중요하므로 품계석도 이런 상징성을 담고 있는 것이다. 우리 선조들은 이러한 구조물 하나를 만들 때에도 많은 의미를 담아서 행했다.

나의 개인적인 생각으로는 당상관과 당하관을 구분하기 위해서 품계석을 3품까지는 정품과 종품으로 나누어서 세웠을 것으로 추측해 본다. 정

241

차일고리 I 서울 창덕궁

품계석과 차일고리 I 서울 창덕궁

3품과 종3품의 품계석을 구분해 놓아야만 당상관과 당하관의 구분이 쉽기 때문이다. 그리고 공간을 고려해서 4품 이하는 정4품 정5품 형식으로 정품만 품계석을 세운 것이다.

또 차일고리의 위치 등을 고려했을 때에도, 이렇게 하면 천막의 혜택도 정확히 당상관까지만 받게 된다. 이처럼 우리 조상들이 디테일한 부분까지도 세심한 의도를 가지고 만들었다는 것에 대해서 감탄을 하곤 한다.

내가 고궁에 갔을 때 의외로 차일고리에 대해서 궁금해하는 사람들을 많이 만난다. 그냥 지나칠 수 있는 사소한 부분에 대해서도 관심을 가지는 사람들이 많이 있다는 것에 대해 왠지 모를 반가운 마음이 든다. 이러한 세세한 부분에도 많은 이야기가 숨어 있기 때문에 문화유적을 관람할 때 좀 더 세심한 관심을 가지면 더 많은 흥미를 느낄 수 있을 것이다.

창덕궁에서 느끼는
씁쓸한 이야기

창덕궁은 조선 왕조의 마지막 궁궐로 사용되었기 때문에, 다른 궁궐들에 비해 일제 지배에 의한 아픔을 많이 간직하고 있다. 일제 지배에 따른 아픈 이야기들을 앞에서 언급했지만, 하지 못한 이야기들은 여기서 정리하고자 한다.

먼저 창덕궁 인정전 내부에 관한 이야기이다. 1907년 헤이그 특사 파견 이후 고종이 강제로 퇴위되면서 순종이 즉위하게 된다. 순종은 거처를 덕수궁(경운궁)에서 창덕궁으로 옮기게 되었다.

순종은 신식 문물이 들어오는 시기에 창덕궁에서 살았기 때문에 창덕궁은 서양 문물의 영향을 많이 받게 되었다. 인정전 내부를 보면 다른 궁궐의 정전에서 볼 수 없는 색다른 모습을 쉽게 느낄 수 있다. 순종이 거처하면서 인정전 내부가 서양식으로 바뀌었기 때문이다. 요즈음 말로 표현

명정전 내부 ㅣ 서울 창경궁

하면 건물 내부에 대해 리모델링을 한 셈이다.

대표적으로 인정전 내부를 보면 바닥이 서양식 나무마루로 되어 있다. 원래는 창덕궁 인정전 등의 정전 내부 바닥에는 진흙을 구워서 만든 네모 반듯한 벽돌인 전돌이 깔려 있었다. 그래서 인정전 내부로 들어갈 때에는 신발을 신고 출입을 하게 된다. 그런데 서양식 마루로 바뀌면서 신발을 벗고 출입을 하게 되었다. 이처럼 생활의 모습이 바뀌게 된 것이다.

그리고 창덕궁에 전기가 들어오면서 불을 밝히는 전등이 천장에 달리게 되었다. 여러 개의 전구가 하나로 모여 있는 화려한 전등이 설치된 것이다.

또 창문에는 황금색의 커튼이 설치되어 있는 것을 볼 수 있다. 황금색은 왕을 상징하는 색이므로 왕이 기거하는 곳에서 흔히 볼 수 있는 색이다.

인정전 내부 ㅣ 서울 창덕궁

근정전 내부 ㅣ 서울 경복궁

246

이러한 신식 문물들이 궁궐에 가장 먼저 스며들었다는 것을 알 수 있다.

신식 문물들은 생활의 편리성에 있어 긍정적인 효과도 있겠지만, 결과적으로 일제에 의해 진행되었다는 점이 가슴 아픈 일이라는 생각이 든다. 나는 인정전 내부를 볼 때마다 긍정적인 의미보다 씁쓸한 느낌이 내 마음을 휘감는 것을 느낀다.

창덕궁 낙선재는 궁궐 내에서 가장 최근까지 사람이 실제로 살았던 곳이다. 우리나라 최후의 황태자 영친왕(이은)은 경술국치 이후 일본에 볼모로 잡혀갔다가 1963년 가족과 함께 귀국하여 창덕궁 낙선재에서 지내다 1970년에 사망했다. 황태자비 이방자여사도 1989년 타계할 때까지 이곳에서 살았다.

낙선재 내부 | 서울 창덕궁

　일제는 조선 왕실의 존재감을 약화시키기 위해 신식 교육을 하기 위함이라는 명분으로 덕혜옹주도 일본으로 잡아갔다. 덕혜옹주는 일본에 끌려간 뒤에 정신분열증까지 걸리게 되었다. 하지만 일제는 정략적으로 일본인 소 다케유키와 결혼을 시킨다. 병세가 악화되자 남편은 덕혜옹주를 정신병원에 입원시켜 버린다. 그리고 해방 후 왕족에 대한 정부의 지원이 끊기자 덕혜옹주는 1955년에 이혼당하고 만다.

　신체적으로 쇠약해지고 치욕스런 삶 속에서도 그녀를 붙들었던 것은 조국에 대한 그리움이었다. 하지만 해방 후 이승만 정부는 영친왕과 덕혜옹주의 귀국을 용인하지 않았다. 1961년 5·16 군사정변으로 정권을 잡은 박정희는 망국의 왕족을 돕는 것이 정치적으로 유익하다고 여겨 전폭적으로 지원을 한다. 1962년 1월 귀국한 덕혜옹주는 서울대학교 병원에 입원했다. 1967년 5월 퇴원하여 낙선재로 들어갔다가 1968년 낙선재 안에 있는 수강재로 거처를 옮겼다. 그리고 그곳에서 1989년 4월 덕혜옹주도 한 많은 여생을 마쳤다.

창덕궁 낙선재는 사람의 냄새가 나는 듯해서 친근감이 가는 곳이지만, 덕혜옹주의 아픔이 서려 있는 듯해서 왠지 마음이 짠해지는 곳이기도 하다. 그래서 나는 창덕궁을 가면 항상 낙선재에서 오래도록 머물곤 한다.

수강재 I 서울 창덕궁

낙선재 ｜ 서울 창덕궁

　인정전 내부에 담긴 이야기뿐만 아니라 낙선재에 대한 사연 등 때문인지 몰라도 창덕궁을 가면 마음이 씁쓸해지는 것은 나 혼자만의 느낌일까?

우리 궁궐 알고 나면
자금성은 왜소

중국 자금성을 갔다 온 사람들은 우리나라 궁궐이 왜소하다고 비하하는 경우가 있는데, 우리 궁궐을 정확히 알고 이야기했으면 좋겠다. 특히 우리 궁궐을 한 번도 가 보지 않았으면서 자금성은 위대하다고 치켜세우고, 우리 궁궐은 보잘것없다는 식으로 표현하는 사람들이 나의 주변에도 종종 있다. 이렇게 말하는 사람들 중에서 다수는 인식의 잘못을 떠나 자신이 자금성을 가 봤다는 것을 자랑하기 위한 수단으로 말하는 경우가 많다. 그래서 나는 우리 궁궐에 대한 잘못된 인식을 바로잡기 위해 열변을 토하기도 한다.

중국 자금성은 면적이 약 22만 평이며, 우리의 경복궁은 약 13만 평이다. 이것만 단순히 비교하면 우리 궁궐이 왜소하다고 할 수도 있겠다. 그런데 이렇게 단순히 비교할 문제가 아니다.

근정전 | 서울 경복궁

　자금성 안에는 국가 운영에 필요한 모든 요소들이 들어가 있다. 즉, 종묘와 사직단 그리고 6조와 같은 행정기구 등이 모두 포함되어 있다. 그래서 우리 궁궐의 개념을 정확히 알고 자금성과 비교하면 좋겠다.

　태조 이성계는 한양으로 도읍을 정하면서, 가장 먼저 경복궁을 짓고 종묘와 사직단을 세웠다. 조선 초기에는 경복궁을 법궁, 창덕궁을 보조 궁궐로 사용해 오다가 창덕궁의 생활공간이 좁아지자, 왕실의 웃어른인 대비들을 편안히 모시기 위해 창경궁을 마련하였다.

　임진왜란 때 경복궁·창덕궁·창경궁이 모두 불타 버리자, 한양으로 돌아온 선조는 왕족의 집 중에서 가장 규모가 크고 완전했던 월산대군의 집을 행궁 삼아 임시로 거처했다. 광해군이 이곳에서 왕위에 즉위하고 궁궐의 모습을 갖추면서 '경운궁(덕수궁)'이라 하였다.

중화전 | 서울 덕수궁

　광해군이 창덕궁을 복구하여 옮겨 가면서 창경궁을 재건하고 경희궁을 짓게 했다. 창덕궁이 법궁으로 쓰이는 동안 창경궁과 경희궁은 보조 궁궐로 사용되었다. 고종 때 경복궁을 중건하면서 다시 경복궁이 법궁이 되었으며, 아관파천 후 덕수궁으로 옮겼다. 그리고 순종 때 다시 창덕궁으로 궁궐을 옮긴다.

　한양 도성 안에 있는 궁궐은 경복궁·창덕궁·창경궁·덕수궁·경희궁으로 이 다섯 곳이 실제로 모두 사용된 궁궐이다. 그래서 이 다섯 궁궐을 모두 합치고 종묘와 사직단까지 합친 것이 우리 궁궐의 영역이라고 봐야 한다. 그렇다면 그야말로 자금성은 우리 궁궐에 비해 왜소하다고 느낄 수밖에 없을 것이다. 그리고 정확한 개념을 알고 나면 규모 면에서도 우리 궁궐에 대한 자부심을 가지게 될 것이다.

인정전 | 서울 창덕궁

명정전 | 서울 창경궁

숭정전 | 서울 경희궁

　실제로 창덕궁과 창경궁은 조선 시대에는 중간에 울타리가 없이 하나
의 궁궐처럼 사용되었다. 창덕궁의 규모가 후원까지 합쳐서 약 16만 7천
평이며, 창경궁이 약 6만 5천 평으로 이 둘을 합치면 약 23만 2천 평이

광화문과 정부중앙청사 | 6조 거리 자리에 있는 정부중앙청사

된다. 이것만으로도 자금성 약 22만 평보다 규모가 크다는 것을 알 수 있다. 또 다섯 궁궐의 면적을 모두 합치면 40만 평이 넘으며, 종묘와 사직단 그리고 광화문 앞에 있었던 6조 거리까지 포함시킨다면 그야말로 자금성과는 비교 불가일 것이다.

물론 하나의 궁궐만 가지고 울타리 길이만 비교한다면 자금성이 크다고 할 수 있겠지만, 궁궐의 정확한 개념으로 이야기한다면 우리 궁궐이 왜소하다고 이야기하는 것은 아주 큰 오류를 범하는 것이다. 아름다운 우리 궁궐의 우수성을 인식하면서 자부심을 가져도 충분하다는 것을 이야기하고 싶다.

또 자금성의 중심 정전인 태화전은 규모는 커지만 뭔가 비율이 맞지 않고 지붕의 규모가 비대해서 위에서 아래로 짓누르는 듯한 중압감을 느끼

종묘 정전 | 서울

사직단 | 서울

경복궁 야경 | 서울

게 해 보는 사람으로 하여금 마음을 불편하게 하는 것이 특징이다.

하지만 우리의 근정전이나 인정전은 곡선미가 있어 날렵하며, 중압감이 없이 마치 학이 부드럽게 날갯짓을 하는 듯한 편안함을 주는 것이 특징이다. 더불어 우리의 건축물들은 자연과 어울리게 만들어져 있기 때문에 세계 어느 나라의 건축물보다도 우수하다고 할 수 있다.

그리고 시대를 거스르는 이야기라고 생각할지도 모르겠지만, 한 가지를 더 비교해 보고자 한다. 다음 내용은 오해 없이 좋은 의도로 읽어 주면 좋겠다.

자금성의 태화전은 우리 조선 시대 때 평민들 집에서 주로 볼 수 있는 지붕 양식인 우진각 지붕으로 되어 있으며, 직선의 형태를 띠고 있어 멋

근정전 | 서울 경복궁

스러움이 덜하다.

하지만 근정전은 양반가의 기와집에서 볼 수 있는 지붕 양식인 팔작지붕이며, 처마의 곡선이 버선코 모양을 닮은 듯 아름다움을 주고 있다.

이렇게 이야기하니까, 우리 궁궐은 중국을 보고 만들었기 때문이라고 말하는 사람이 있다. 이것도 잘못된 인식이다. 우리 경복궁은 1395년에 만들어졌으며, 중국 자금성은 1420년에 만들어졌다. 경복궁이 만들어지고 난 25년 후에 자금성이 만들어졌다는 것을 알고 잘못된 편견을 버렸으면 좋겠다.

우리 궁궐의 규모와 우수성을 잘 알고, 오히려 중국의 자금성이 왜소한 궁궐이라는 것을 깨달을 수 있는 기회가 되면 좋겠다. 끝으로 자금성

인정전 | 서울 창덕궁

만 갈 것이 아니라, 우리 궁궐에 대해서 바르게 알고 인식하면서 경복궁
과 창덕궁 등 우리 궁궐도 꼭 한번 가 보기를 기대해 본다. 나의 이야기를
떠올리면서….

남한산성과 병자호란

    남한산성은 행정 구역상으로 경기도 광주시와 하남시 그리고 성남시에 걸쳐서 분포하고 있다. 면적으로 보면 성남시가 가장 적게 포함되어 있지만, 서울에서 남한산성을 가고자 할 때는 일반적으로 성남을 거쳐서 가는 것이 편리하다.

    대중교통을 이용할 때는 서울 지하철 8호선을 타고 '남한산성입구역'에서 산성 가는 마을버스를 이용하면 된다. '산성역'보다는 '남한산성입구역'을 이용하는 것이 더 편리하며, 산성로터리 종점에서 내리면 근처에 남한산성 행궁이 있다.

    남한산성은 임진왜란 후에 혼란한 국제 정세를 감안하여 대대적으로 구축한 산성이다. 평균 해발고도가 480m 이상으로 험준한 산세를 이용하여 방어력을 극대화할 수 있다. 또 마을이 형성될 만큼 산 위에 넓은 분

남한산성 행궁 | 경기도 남한산성

지가 있어 백성과 왕이 함께 대피할 수 있는 지형적 요건을 갖추고 있다.

남한산성은 산성 내에 종묘와 사직 그리고 마을을 갖추고 있다는 것이 다른 산성에서 볼 수 없는 특이한 점이다. 비상시에 임금이 궁궐에서 나와 남한산성 행궁에 머물면, 남한산성은 임시수도의 역할을 하게 된다.

남한산성은 병자호란 때 인조가 피난하여 47일간 항전하였던 곳이다. 병자호란은 인조 때 서인들이 집권을 하면서 빌미가 되어 발발하였다. 서인들은 친명배금정책을 추진하여, 명과는 사대 관계를 유지하고 후금은 배척함으로써 후금을 자극했다. 그런데 명은 쇠퇴하는 중이며, 후금은 강성해지는 상황이었다. 서인은 자신들의 권력 유지를 위하여 국제 정세를 무시하고 친명배금정책을 추진한 것이다.

또 인조반정 때 공을 세운 이괄이 1등 공신에 책봉되지 못하자 불만을

동문 | 경기도 남한산성

품고 난을 일으켰다. 서인은 이괄의 난을 진압하였고, 진압을 당하지 않은 이괄의 잔당은 후금에 투항을 해 조선을 칠 것을 요청했다.

친명배금정책에 불만을 품고 있던 후금은 조선의 혼란을 틈타 황해도까지 쳐들어오는 정묘호란(1627)을 일으킨다. 그때 조선과 후금은 형제 맹약을 맺고 물러간다.

그 후, 후금은 세력이 커지면서 국호를 청으로 바꾸고, 조선에 군신 관계를 요구하였다. 조선이 이를 거부하자 청은 10만 대군을 이끌고 다시 침략해 왔다. 이 병자호란(1636)이 일어나자 인조는 남한산성으로 피난하여 항전하였지만, 결국 삼전도에서 굴욕적인 강화를 맺게 되었다. 1637년 1월 30일 인조가 세자와 함께 청나라에 항복을 하기 위해 남한산성을 나갔던 문이 바로 서문이다.

청은 주둔하고 있던 삼전도에 '대청황제공덕비'를 세우게 했다. 비문은
조선이 청나라에 항복하게 된 경위와 청 태종의 공덕을 칭송하는 내용이
다. 삼전도는 한강에 있던 나루터였는데, 한강을 개발하면서 사라졌다.
이 비는 사적으로 지정되면서 지명을 따서 '삼전도비'라고 한다.

  굴욕적인 비문의 내용 때문에 고종(1895년)은 삼전도비를 땅속에 묻게 했
는데, 일제(1913년)는 이를 다시 세웠다. 광복 후 문교부(1956년)는 다시 땅
속에 묻었으며, 1963년 홍수로 비석의 모습이 드러난 후 사적으로 지정
되었다. 여러 논의를 거친 결과, 원위치와 가까운 곳에 세워야 한다는 중
론에 따라 2010년 석촌호수 주변에 세워지게 되었다. 아픈 역사도 역사인
만큼 보존하면서 교훈으로 삼는 것도 중요하리라 여겨진다.

병자호란이 끝난 후 청은 철수하면서 소현세자와 봉림대군을 인질로 잡아갔다. 그런데 소현세자와 봉림대군은 청에서 서로 다른 행보를 보였다.

소현세자는 청에 머물면서 청의 선진 문물을 받아들이는 데 적극적이었다. 또 청과 화친을 맺는 것은 조선의 국익에 많은 도움이 된다고 생각하게 되었다.

하지만 봉림대군은 청에 대한 배타적 의식이 강했다. 삼전도의 굴욕에

삼전도비 | 서울 송파구

효종릉 ｜ 경기도 여주

대한 모욕과 인질로 잡혀 온 자신의 처지에 대해 강한 불만을 가지고 있었다. 또 노예로 끌려와 고생하는 백성들의 참상을 보면서 청에 대한 보복의 칼날을 갈게 되었다.

1645년 2월 인질로 잡혀간 지 8년 만에 소현세자가 귀국하게 된다. 그런데 귀국 후 2달여 만에 소현세자가 갑자기 죽었는데, 의문점이 많이 남는다.

인조는 소현세자가 청의 힘을 등에 업고 자신을 몰아내고 왕위를 차지할 것에 대해 우려하고 있었다. 또한 서인세력은 아직도 청에 대한 반감을 가지고 있는데, 소현세자는 청의 문물을 수용하고자 했던 것이다. 이런 점이 소현세자의 죽음을 독살로 보는 이유이다.

그리고 소현세자가 죽은 지 40일 만에 세자 책봉 문제가 거론되었으며,

논의가 시작된 지 하루 만에 봉림대군이 세자로 결정되었다. 이에 따라 봉림대군은 급히 귀국하여 세자 책봉을 받았으며, 5년 후 인조가 죽고 효종으로 왕위에 올랐다.

효종은 왕위에 오른 후 서인세력과 함께 청을 정벌하기 위한 북벌계획을 추진하였지만, 청이 강성해지고 또 국제 정세가 불안하여 실패로 끝났다.

아픔을 간직하고 있는 남한산성에서 가장 핵심적인 건물 중 하나가 바로 수어장대이다. 수어장대는 지휘와 관측을 위한 군사적 목적에서 지은 누각으로, 성안에 남아 있는 건물 중에서 가장 화려하고 웅장하다. 또 수어장대는 산성 안에서 가장 높은 곳에 위치하고 있기 때문에, 성 내부뿐만 아니라 외부까지도 쉽게 조망할 수 있는 곳이다.

임진왜란을 겪으면서 상비군의 필요성을 느끼고 중앙군인 5군영을 마련하였다. 그중의 하나인 수어청은 남한산성에 설치한 군영으로 한양 남쪽을 지키는 상비군이다. 남한산성 방위의 총사령관이면서 수어청의 수장이 수어사이다. 수어사가 지휘와 명령을 하는 곳이 수어장대이다. 장대는 지휘관이 올라서서 군대를 지휘하도록 만들어 놓은 높은 곳을 의미한다.

남한산성이 백제의 왕도였다는 견해가 조선 초기부터 있었다고 한다. 또 인조에게 백제 온조왕이 꿈에 나타나 청나라가 침범해 올 것을 미리 알려 주었다고 한다. 이를 기리기 위해 병자호란 직후에 백제의 시조 온조왕의 사당인 숭렬전을 남한산성에 건립하였다. 그리고 숭렬전에는 산성 축조 책임자였던 이서 장군의 위패를 함께 모시고 있는 것이 특징이다.

수어장대 ㅣ 경기도 남한산성

숭렬전 ㅣ 경기도 남한산성

인조가 온조왕에게 제사를 지낸 후 다시 꿈에 나타나 '혼자라서 외로우니 명망 있는 신하를 보내 달라'고 했는데, 간밤에 이서가 죽었다는 것이다. 이것은 우연이 아니라 온조가 이서를 데려갔다고 여겨 숭렬전에 이서를 함께 모시게 되었다. 신분이 서로 다른 왕과 신하를 함께 모신 것은 다른 사당에서는 보기 드문 특이한 점이다.

남한산성은 유사시를 대비한 임시수도로 계획적으로 축조된 유일한 산성도시이다. 진정성과 완전성 등을 고려할 때 역사적 가치를 인정받아 2014년 유네스코 세계문화유산에 등재되었다.

구리 동구릉과 영월 장릉

조선 왕릉의 가장 큰 특징은 능침은 언덕 위에 있고, 제사를 지내는 제 각인 정자각은 언덕 아래에 있다는 것이다. 이는 죽은 사람과 살아 있는 사람의 공간을 구분하고자 했던 것이다.

조선의 왕은 27명인데, 왕릉으로 관리되는 무덤은 42기이다. 왜냐하면 왕릉에는 왕비의 무덤뿐만 아니라 왕위에 오르지 못했지만 나중에 왕으로 추존된 사람까지 포함되기 때문이다. 왕릉의 수를 헤아릴 때에는 봉분의 수가 아니라 영역의 수를 의미하는 것으로 보면 된다. 왕과 왕비의 무덤이 하나의 영역 안에 있으면 1기로 보는 것이다.

조선 왕릉은 기본적으로 한양 도성에서 100리 안에 만드는 것을 원칙으로 했다. 이 원칙을 벗어난 남한의 무덤이 영월의 장릉, 여주의 세종릉(영릉)과 효종릉(영릉), 수원의 사도세자릉(융릉)과 정조릉(건릉)이다. 왕릉을 도

동구릉 홍살문 | 경기도 구리

성에서 100리 안에 만들게 한 이유는 왕이 선대왕들의 왕릉을 쉽게 행차할 수 있게 함이다.

조선 왕릉 42기 중에서 북한 개성에 있는 2기를 제외하고, 남한에 있는 40기가 현재 유네스코 세계문화유산에 등재되어 있다. 개성에 있는 조선 왕릉 2기는 '제릉'과 '후릉'이다. 태조의 첫째 부인 한씨는 1391년 개성에서 세상을 떠났으며, 조선 개국(1392년) 후 신의왕후로 추존되면서 '제릉'이라는 묘호를 얻었다. '후릉'은 정종과 부인인 정안왕후의 쌍릉이다. 정종은 제2차 왕자의 난(1400년) 때 태종에게 왕위를 물려준 후 20년간 개성에서 유유자적하다가 승하했다.

조선 왕릉 중에서 특징이 가장 뚜렷한 무덤은 태조 이성계의 건원릉과 단종의 장릉이다.

건원릉(태조릉) l 구리 동구릉

동구릉은 구리시 검암산 자락에 위치하고 있으며, 한양 도성의 동쪽에 있는 9기의 무덤이라는 의미로 '동구릉'이라는 이름이 붙었다. 동구릉은 조선 왕실 최대 규모의 왕릉 군으로, 정문을 들어서면 곧바로 홍살문이 나오는 것이 다른 왕릉과의 차이점이다.

홍살문은 왕릉 영역의 시작임을 알려 주는 건축적 장치이며, 몸과 마음을 엄숙히 하고 경건한 예를 갖추라는 의미에서 세운다. 또 특이한 것은 각 왕릉마다 조금 작은 규모의 홍살문이 다시 세워져 있다는 점이다.

동구릉에는 태조 이성계 그리고 선조와 문종 등의 무덤이 있다. 그중에서 가장 특이한 무덤은 태조의 무덤인 건원릉이다. 일반적으로 무덤의 봉분에는 잔디를 심어 놓는다. 그런데 건원릉에는 억새를 심어 놓았다. 이성계의 유언에 따라 고향인 함흥에서 흙과 억새를 가져와 심었기 때문이다.

현릉(문종릉) | 구리 동구릉

　무덤의 벌초는 주로 초가을에 많이 하는데, 건원릉은 억새라는 특징 때문에 봄에 벌초를 하고 있다. 이는 가을에 억새가 필 수 있도록 하기 위함이다.

　다음은 영월에 있는 장릉을 소개한다. 문종이 왕위에 오른 지 2년 만에 병사하고, 단종이 12살의 어린 나이로 왕위에 오르게 된다. 그러자 숙부인 수양대군(세조)이 왕위를 찬탈하고, 단종을 영월 청령포로 유배를 보냈다.

　청령포는 삼면이 강으로 둘러싸여 있고, 뒤쪽에는 육육봉이라는 산봉우리가 솟아 있어 섬 아닌 섬이 되는 곳이다. 그래서 배를 이용하지 않으면 밖으로 나갈 수 없기 때문에 유배자를 관리하기에 좋은 지리적 요건을 갖추고 있다. 즉, 함부로 도망을 가지 못한다는 이야기다.

청령포 관음송 | 강원도 영월

청령포 | 강원도 영월

청령포에는 우리나라에서 키가 가장 큰 소나무가 있다. 높이가 30m가 넘는다. 어린 단종의 울음소리를 보고 들었다고 해서 '관음송'이라고 부른다. 그때 관음송의 수령이 80년 정도였으니까, 현재는 수령이 600년이 넘었다.

단종이 갇혀 있던 청령포에 홍수가 져서 영월 읍내에 있는 관풍헌으로 거처를 옮기게 되었다. 관풍헌에서 세조로부터 사약을 받고 죽었을 때가 1457년이다. 사약을 받은 사람은 시신도 함부로 거둘 수가 없었다. 그래서 영월 호장이었던 엄홍도가 밤에 몰래 시신을 거두어 인근 산언덕에 묻어 주었다. 나중에 단종이 복권되면서 왕릉으로 규모를 갖추게 되었는데, 그것이 바로 영월에 있는 장릉이다.

장릉도 홍살문과 정자각 그리고 능침이 있는 것은 다른 왕릉과 차이가

장릉 정자각 | 강원도 영월

장릉(단종릉) | 강원도 영월

장릉에서 본 정자각 | 강원도 영월

없다. 일반적인 왕릉은 능침의 정면과 정자각이 일직선으로 되어 있다. 그런데 장릉은 능침의 정면과 정자각이 일직선이 아니다. 즉, 정자각에서 봤을 때 능침이 옆으로 놓여 있는 것이 특이한 점이다. 단종이 암매장된 곳에서 그대로 능침을 마련하다 보니 앞 공간이 좁아서 이렇게 된 것이다.

그리고 조선 왕릉에는 능침 앞에 문신상과 무신상 등 여러 가지 석물 조각을 세워 놓았다.

일반적으로 왕은 죽은 뒤 능호, 묘호, 시호를 얻는다. '능호'는 왕의 무덤 이름을 지칭하는 것으로 건원릉, 장릉, 후릉 등이다. '묘호'는 왕이 죽은 뒤 삼년상을 치르고 종묘에 신위를 모실 때 추증되는 이름으로 태조, 문종, 단종 등이다. 즉 우리가 흔히 왕의 이름처럼 사용하고 있는 칭호는 묘호이다.

묘호에도 왕의 업적이 내포되어 있지만, 일생을 평가하고 공덕을 기리기 위해 짓는 존칭은 '시호'이다. 왕의 시호는 중국과 조선에서 부여한다. 그래서 왕이 죽은 뒤 얻는 이름은 묘호+시호(중국)+시호(조선)로 만들어진다. 대표적인 예로 세종대왕의 정식명칭은 '세종장헌영문예무인성명효대왕'이다. 세종은 묘호이며, 장헌은 중국에서 부여한 시호이다.

또 시호는 국가나 왕실을 위해 큰 공을 세운 공신에게 임금이 내릴 수도 있다. 대표적인 예로 이순신의 시호는 충무공이며, 조선에서 충무공 시호를 부여받은 사람은 모두 9명이다. 따라서 '충무공'은 이순신에게만 내려진 시호가 아니라 무관들에게 부여된 시호이다.

4부

아름다움 & 다크투어리즘

성곽의 꽃, 수원 화성

정조는 창경궁 문정전 앞마당에서 뒤주에 갇혀 죽임을 당한 사도세자의 아들이다. 아버지의 무덤을 수원에 있는 화산으로 옮기고 정신적 근거지로 삼으면서 화성을 축조하게 되었다. 화성 축조 책임자로 영의정 채제공을, 설계 책임자로 정약용을 임명했다.

10년 계획으로 시작된 화성 축성 공사는 2년 9개월 만에 완공되었다. 정약용이 고안한 거중기를 이용하였기 때문에 시간과 비용을 많이 절약할 수 있었다. 거중기는 도르래의 원리를 이용하여 적은 힘으로 무거운 물건을 들어 올릴 수 있도록 만들어진 것으로, 오늘날의 기중기에 해당한다. 그래서 거중기의 발명은 감히 위대하지 않을 수 없는 큰 사건이었다.

정조(1796) 때 만들어진 수원 화성은 세계 최초의 계획도시로 '성곽의 꽃'이라 불린다. 또 군사적 방어 기능과 상업적 기능을 보유하며, 정치적 이

화성 장안문 | 경기도 수원

상을 실현하는 상징적 도시로 육성시키려 했다.

수원 화성은 한국전쟁 등을 거치면서 많이 파손되었지만, 축성 직후 발간된 『화성성역의궤』를 바탕으로 지금은 축성 당시의 모습 그대로 대부분 복원된 상태이다. 또 『화성성역의궤』에는 축성 계획, 공사 일지, 축성 과정, 성곽 모습 등을 상세히 기록하고 있어 역사적 가치가 높다. 즉 『화성성역의궤』가 있었기 때문에 소실된 화성을 원형대로 복원할 수 있었던 것이다.

그리고 동양과 서양의 축성술을 집약하여 축성하였기 때문에 건축사적 의미가 크다. 성벽은 외측만 돌로 쌓아 올리고 내측은 자연지물을 그대로 활용하여 자연과의 조화를 이루었다. 또 실학사상의 영향으로 벽돌과 석재를 혼용한 축성 방법 등은 성곽 축성술의 결정체라 할 수 있다. 그래서

화성 화서문 ┃ 경기도 수원

화성은 과학적이고 실용적인 원리가 내포된 걸작이다.

수원 화성의 4대문에는 장안문(북문), 팔달문(남문), 창룡문(동문), 화서문 (서문)이 있다. 일반적으로 남문이 정문인 경우가 많지만, 화성에서는 북 문인 장안문이 정문에 해당된다. 왜냐하면 정조가 한양에서 행차해서 오 면 장안문을 통해서 들어오게 되기 때문이다.

화성 4대문에는 성문 바깥쪽에 반달 모양의 옹성이 설치되어 있다. 옹 성이라는 명칭은 항아리를 반으로 갈라놓은 것 같아서 붙었다. 옹성 안으 로 들어오면 사방이 포위가 되는 구조이므로, 적의 침입을 막는 데 효율 적이며 성문을 보호하는 역할을 한다.

장안문과 팔달문은 옹성 중간 부분에 아치형의 문이 있으며, 이를 통해 들어오면 성문이 나온다. 그런데 창룡문과 화서문은 옹성에 아치형 문이

치성 | 수원 화성 서1치

없이 한쪽 부분을 열어 놓았다는 점에서 차이가 난다. 팔달문과 화서문은 원래의 모습을 그대로 간직하고 있어 보물로 지정되어 있다.

수원 화성은 성곽에 일정한 거리를 두고 다양한 기능의 방어 시설을 설치해 놓았다.

'치'는 성벽의 일부를 바깥으로 돌출시켜 만든 시설로 '치성'이라고도 하며, 성벽 가까이로 접근하는 적군을 쉽게 공격하고 성벽을 보호하는 기능을 한다.

'포루(鋪樓)'는 치성 위에 만들어 놓은 목조건물로, 군사들이 머물면서 망을 보기 위해 만들어 놓은 시설물이다. '포루(砲樓)'는 치성 위에 만들어 놓은 건축물로, 화포 공격을 할 수 있도록 만든 시설물이다. 포루(鋪樓)와

포루(鋪樓) ㅣ 수원 화성 북포루

포루(砲樓) ㅣ 수원 화성 북서포루

각루 ㅣ 수원 화성 서북각루

포루(砲樓)는 치성 위에 만들어 놓은 건축물로 공통점도 있지만, 약간의 기능 차이가 있다.

'각루'는 비교적 성곽의 높은 곳에 세워져 주변을 감시하고 군사를 지휘하는 지휘소 역할을 한다. 또 주변 자연과 조화를 이루게 만들어 정자와 같은 기능을 지니고 있어 휴식을 취하는 공간으로도 이용된다.

화성에는 4개의 각루가 있으며, 동북각루인 방화수류정은 독특한 지붕 형태 때문에 보는 위치에 따라 다양한 모습으로 보인다. 방화수류정은 화성에서 가장 뛰어난 건축물이며, 다른 성곽에서는 볼 수 없는 독창적인 것이다.

'공심돈'은 높게 쌓은 건축물로 적의 동향을 살피기 위한 망루와 같은 것이지만, 공격 기능도 가지고 있는 시설이다. 독창적인 건축 형태를 보

방화수류정 야경 | 수원 화성 동북각루

서북각루와 성벽 ┃ 수원 화성

여 주는 것으로 수원 화성에서만 볼 수 있다.

서북공심돈은 3층 건물로 아래의 치성 부분은 석재로 되어 있으며 위쪽
은 벽돌로 쌓은 것이 특징이다. 공격도 가능한 시설이기 때문에 내부는 전
투하기에 편리한 구조로 되어 있으며, 계단을 통해 오르내리게 되어 있다.

동북공심돈은 둥근 원의 형태를 하고 있으며, 화성 내에서도 가장 특징
적인 건축물 중의 하나로 꼽는다. 내부는 나선형의 벽돌 계단을 통해 꼭
대기까지 오르게 된다.

'적대'는 성문 양쪽에 있는 치성 위에 세운 시설로, 성문을 공격하는 적
을 방어하기 위한 것이다. 화성 4대문 중에서 장안문과 팔달문에만 설치
되어 있다.

'노대'는 다연발 활인 쇠뇌를 쏘기 위한 시설로, 성곽보다 높게 지었다.

서북공심돈 | 수원 화성

포루(砲樓)와 성벽 | 수원 화성

공심돈 | 서북공심돈

적대 | 장안문이 보이는 북서적대

노대 | 서노대

북서적대 ㅣ 장안문에서 본 적대

華城將臺

화성장대 편액 ㅣ 수원 화성 서장대

장대 I 서장대

서노대는 서장대 바로 옆에 있으며, 팔달산 정상에 위치하기 때문에 사방을 볼 수 있어 활을 쏘기에 유리하다.

'장대'는 성곽을 한눈에 바라볼 수 있는 높은 곳에 위치하고 있으며, 화성에 주둔하고 있던 장용영 군사들을 지휘하던 지휘소이다. 서장대와 동장대가 있으며, 이는 화성에서 군사적 목적의 핵심 시설이라고 볼 수 있다. 서장대에는 정조의 친필인 '화성장대'라는 편액이 걸려 있다.

성곽을 따라 치성, 적대, 포루, 각루, 공심돈 등 다양한 방어 시설이 설치되어 있는 것은 수원 화성이 유일하다. 방어에 유리한 실용성뿐만 아니라 아름다움을 갖추고 있어 성곽의 꽃이라 부르는 수원 화성은 유네스코 세계문화유산에 등재되어 있다.

우연히 발견된 무령왕릉

공주가 백제의 수도였던 웅진 시대의 고분은 소박하지만 누추하지 않은 특징을 가지고 있다. 웅진 시대를 대표하는 고분군은 송산리 고분이다.

우리가 알고 있는 중요한 문화재 중에는 우연히 발견된 것들이 종종 있다. 그중에서 송산리 고분군에 있는 무령왕릉의 발굴에 대한 이야기를 알아본다.

무령왕릉이 발견되기 전까지는 공주 송산리 고분군에는 6기의 고분이 있었다. 1호분에서 5호분까지는 굴식돌방무덤이며, 6호분은 벽돌무덤으로 벽화가 그려져 있는 벽화고분이다. 모든 고분이 중요한 문화재이지만, 이 중에서 6호분은 좀 더 가치가 높은 문화재로 평가된다고 해도 될 것 같다.

6호분에 그려져 있는 벽화는 사신도로 동서남북 네 방위를 지키는 동물

송산리 고분 | 충남 공주

을 그린 그림이다. 사신은 동쪽에는 청룡, 서쪽에는 백호, 북쪽에는 거북과 뱀이 뒤엉켜 있는 현무, 남쪽에는 봉황을 형상화한 주작이다.

장마철에 5호분과 6호분에는 뒤편 언덕에서 흘러내려 온 물이 유입되어 고분에 치명적인 손상을 줄 수 있는 상황이었다. 그래서 1971년 7월 초, 장마로 인한 고분의 손상을 막기 위해 6호분 뒤편 언덕에서 배수로 공사를 하게 되었다. 특히 6호분은 습기에 취약한 벽화가 그려져 있기 때문에 더욱더 신경을 쓰지 않을 수 없는 상황이었다.

그런데 배수로 공사 도중에 언덕이라고 알고 있던 6호분 뒤편에서 또 하나의 벽돌무덤이 발견된 것이다. 배수로 공사를 담당하던 현장 소장은 이 사실을 문화재 관리국에 보고했고, 국립중앙박물관 관장을 단장으로 하는 발굴단이 공주로 급파되었다. 하지만 발굴이 짧은 시간에 졸속으로

능산리 고분 굴식돌방무덤 | 충남 부여

진행되면서, 제대로 된 발굴이 이루어지지 못한 아픔을 남기게 되었다.

공주 송산리 고분과 부여 능산리 고분은 대부분 굴식돌방무덤으로 도굴을 당하기가 아주 쉽다. 굴식돌방무덤과 벽돌무덤은 내부에 방이 있고 입구 쪽의 흙만 걷어 내면 방으로 들어가는 문이 있기 때문이다. 그래서 대부분 도굴당한 상태라 핵심적인 부장품들을 보기가 힘들다.

새로이 발견된 무령왕릉은 언덕처럼 보였기 때문에 아무도 무덤이라고 생각하지 못했다. 그래서 도굴을 당하지 않았기 때문에 부장품들이 온전히 보존되어 있는 상태였다. 부장품, 즉 껴묻거리로는 금제 관식, 무기, 그릇, 구리거울 등이 많이 발견되었으며, 당시의 공예 기술이 발달되었음을 엿볼 수 있다.

금제 관식 | 공주 무령왕릉

무령왕릉 | 충남 공주

이 무덤을 발굴하는 과정에서 석판 하나가 발견되었다. 죽은 사람의 내력을 새긴 석판을 '지석'이라고 한다. 이 지석에 적힌 내용은 다음과 같다.

"영동대장군 백제 사마왕이 62세 되는 계묘년 5월 7일 임진날에 돌아가셔서 을사년 8월 12일 갑신날에 이르러 대묘에 예를 갖추어 안장하고 이와 같이 기록한다."

이 지석에 적힌 사마왕은 백제 25대 왕인 무령왕이 살아 있을 때 불리던 이름이었다. 따라서 이 지석을 통해서 우리는 이 무덤의 주인이 '무령왕'이라는 것을 알 수 있다.

보통 우리나라에서 발견되는 고분들은 주인의 이름이나 연도를 적어놓지 않는 경우가 대부분이다. 그래서 무덤의 형태나 축조방법 그리고 유물과 기록들을 참고해서 누구의 무덤이라고 유추하는 것이 일반적이다.

무령왕릉 지석 | 공주 무령왕릉

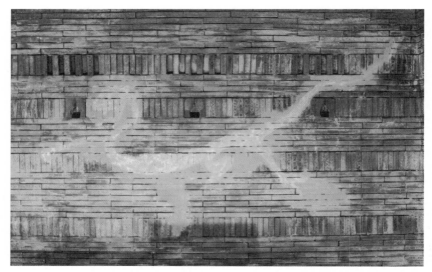

송산리 고분 6호분 | 충남 공주

무령왕릉은 지석의 발견으로 무덤의 주인을 정확히 알 수 있는 대표적인 사례가 된 것이다.

또 이 무덤은 특이하게도 벽돌을 쌓아 올려 아치 형태로 만든 벽돌무덤이다. 벽돌무덤은 중국 남조의 영향을 받은 것으로, 우리나라에서는 송산리 고분에서만 볼 수 있는 흔치 않은 형태이다. 무령왕릉은 6호분과 같은 벽돌무덤이지만, 벽화는 없다.

무령왕은 지방에 22담로를 설치하고 왕족을 파견하여 지방에 대한 통제력을 강화하고, 고구려에 대한 적극적인 공세를 펴서 백제 중흥의 발판을 마련하였던 왕이다.

아름다움을 간직한
백제 문화권

　백제 문화권은 공주시, 부여군, 익산시에 걸쳐 있는 백제역사유적지구를 중심으로 하는 지역을 말한다. 이 백제역사유적지구는 2015년 유네스코 세계문화유산에 등재되었다.

　공주의 옛 지명은 곰나루, 즉 웅진이다. 백제는 문주왕(475) 때 고구려 장수왕의 남진 정책으로 타격을 받아 한성에서 웅진성으로 도읍을 옮겨 왔다. 고구려의 공격을 피해 도망을 오는 것이기에 최우선적으로 방어를 고려해 웅진성을 선택한 것이다. 웅진성은 북쪽에는 금강으로 남쪽에는 계룡산으로 둘러싸여 있어 고구려의 공격을 방어하기에 유리한 천연적인 요새였기 때문이다. 웅진 시대에 백제의 도성으로 왕궁이 있던 곳이 공산성이다.

　그 후 백제는 안정기를 맞으면서 성왕 때 다시 중흥의 기반을 마련하게

공산성 | 충남 공주

되었다. 백제가 더욱 발전하기 위해서는 상대적으로 비좁은 웅진성에서 넓은 벌판이 있는 사비성으로 옮길 필요성을 느끼게 되었다. 따라서 수도를 사비성, 즉 현재의 부여로 옮기고 나라 이름을 '남부여'라 하였다.

중흥기를 맞은 성왕은 신라와 연합하여 고구려에 빼앗겼던 한강 유역을 되찾았지만, 진흥왕의 배신으로 신라의 공격을 받아 다시 빼앗겼다. 성왕은 이에 대한 보복으로 군사를 이끌고 공격에 나섰다가 관산성 전투에서 전사했다.

백제는 의자왕 때 호화 사치와 지배층의 분열로 국력이 약해져 황산벌에서 계백 장군이 결사 항전을 벌였지만 멸망하고 말았다. 이에 의자왕을 모시던 궁녀들이 굴욕을 당할 것을 알고, 백마강에 몸을 던졌다고 전해지는 곳이 낙화암이다. '낙화암'은 부소산성 서쪽의 백마강변 낭떠러지에 있는

절벽 바위이다. 금강 중에서 부여 쪽에 흐르는 구간을 백마강이라 한다.

의자왕의 궁녀가 3,000명으로 알려져 있다. 만약에 이것이 사실이라면 낙화암에서 투신을 하는 데 걸리는 시간을 재미삼아 한번 계산해 봤다. 낙화암은 여러 명이 동시에 투신하기에는 장소가 비좁아 한 명씩 줄을 서서 투신해야 할 수도 있다. 그렇다면 한 명당 투신하는 데 걸리는 시간을 10초로 가정했을 때 3,000명이 투신하려면 8시간 20분이 소요된다. 두 명씩 동시에 투신한다 해도 4시간 10분이 소요된다.

의자왕의 궁녀가 3,000명이라는 이야기가 있는 것은 그만큼 궁녀가 많은 편에 속하는 왕이었다는 의미로 받아들이면 좋을 것 같다. 그래서 3,000명은 사실과 다르며, 약 300명 정도까지는 궁녀를 거느렸을 것으로 추측하기도 한다.

부여박물관에 가면 꼭 눈여겨봐야 할 것이 '백제금동대향로'이다. 이 향로를 처음 본 순간 나도 모르게 가슴이 벅차면서 눈물이 날 정도였다. 전체 높이는 61.8㎝이며, 동아시아에서 발견된 향로 중에서 가장 아름다운 것이다.

백제금동대향로는 부여 능산리 고분에 관광객이 늘어나면서 주차장 확장 공사를 하던 중 절터에서 발견된 것이다. 절터의 진흙탕 속에 있었기 때문에 손상 없이 온전하게 보존될 수 있었다.

이 향로는 능산리 사찰에서 제사 등을 지낼 때 사용했던 것이다. 뚜껑을 열고 몸체에 향을 놓고 피우면, 봉황의 가슴과 뚜껑의 산 사이에 난 구멍으로 향 연기가 피어오르게 된다.

백제금동대향로는 뚜껑과 몸체 그리고 몸체를 받치고 있는 용과 뚜껑 위에서 날갯짓을 하고 있는 봉황으로 구분할 수 있다. 뚜껑의 맨 위에는 악기를 연주하는 악사가 5명 있다. 그리고 그 아래에는 5단으로 된 큰 산이 25개 있으며, 큰 산과 연결된 산봉우리가 표현되어 있다. 이 산들은 신선들이 산다는 봉래산을 의미한다. 또 뚜껑에는 다양한 동물들과 산길, 시냇물, 폭포 등이 있으며, 17명의 신선이 새겨져 있다. 즉 뚜껑은 신선들이 머무는 이상 세계를 표현하고 있으며, 도교를 상징한다.

몸체는 연꽃으로 되어 있으며, 다양한 동물들이 새겨져 있다. 연꽃이 물에서 자라는 꽃이라서 그런지 주로 물에 사는 동물이나 물고기 등이 새겨져 있는 것이 특징이다. 이는 연꽃에 의해 만물이 신비롭게 태어난다는 연화화생을 의미한다. 연꽃이 불교를 상징하듯 몸체는 불교적 의미를 지

백제금동대향로 | 국립부여박물관

닌다. 백제금동대향로는 도교와 불교적 종교관을 동시에 표현하고 있으며, 이는 화합을 의미하는 것이다.

받침대는 용이 살아 움직이는 듯한 모습으로 입을 치켜들어 몸체인 연꽃을 받들고 있다. 용은 물속에 살면서 승천을 하기 때문에 물에서 자라는 연꽃과 연결되는 듯하다. 그래서 용은 연꽃을 표현한 몸체를 떠받치고 있다.

향로의 꼭대기에는 날개를 활짝 펴고 있는 봉황이 있다. 봉황은 봉래산에 살고 있는 상서로운 전설의 새로 천하가 태평할 때 세상에 나타난다고 한다. 그래서 봉황은 봉래산을 형상화한 뚜껑 위에 배치된 듯하다.

1993년 발견된 직후에는 이 향로의 이름이 '금동 용봉 봉래산 향로'였다. 신선이 머무는 봉래산을 중심으로 용이 받치고 있고 봉황은 날개를 활짝 펴서 날아가려는 모습을 하고 있기 때문이다. 즉 '용봉'은 용과 봉황

백제금동대향로 받침대 정면

호자 | 국립부여박물관

을 의미한다.

　그리고 부여박물관에서 내 눈에 들어오는 것 중에 하나가 '호자'이다. 무령왕릉과 같은 벽돌무덤이 중국 남조의 영향을 받았듯이, 호자도 중국 남조의 영향을 받은 것이다. 호자는 호랑이를 형상화한 남성용 요강이다. 호랑이가 앞다리를 들어 상체를 세우고 입을 벌리고 있는 모습이다. 또 손에 들고 다닐 수 있도록 요강 등 부분에는 손잡이가 달려 있다. 왕이 행차할 때 하인들이 들고 다녔던 것으로, 요강이지만 단순하면서도 아름답게 표현되어 있다.

　부여 정림사지 5층 석탑은 백제 시대를 대표하는 석탑 중 하나로, 배흘림기둥의 기법을 도입했다. 얇고 넓은 지붕돌의 소박한 멋은 목조 건물의 양식을 충실히 따르지만 단순한 모방에 그친 것은 아니다. 투박한 듯

정림사지 5층 석탑 I 충남 부여

하지만 단아한 세련미를 지니고 있으며, 기교를 부리지 않은 소박함 때문에 고졸한 멋의 조형미를 보여 주는 석탑이다. 또 지붕돌의 처마선이 경쾌하며, 전체적으로 균형이 잘 잡힌 탑이다. 당나라 장수 소정방이 이 탑에 '백제를 정벌한 기념탑'이라는 글귀를 새겨 놓아 아픔을 간직하고 있는 탑이기도 하다.

익산 미륵사지 석탑은 639년에 건립된 것으로 우리나라에 남아 있는 가장 오래된 석탑이며, 커다란 규모를 자랑하는 대표적인 탑이다. 우리나라의 탑은 처음에는 목탑이었는데, 오래 보존되기 어렵다는 약점 때문에 점차 석탑을 만들게 되었다.

초기의 석탑은 돌을 재료로 사용했지만, 형태는 목탑의 양식을 따르게

미륵사지 석탑 복원 전 모습 | 전북 익산

미륵사지 석탑 복원 후 모습 | 전북 익산

되었다. 익산 미륵사지 석탑은 목탑에서 석탑으로 넘어가는 과도기를 보여 주는 중요한 석탑이다. 원래에는 9층까지 있었던 것으로 추정하지만, 현재는 6층까지만 남아 있으며 높이는 14.5m이다.

익산 미륵사지 석탑은 1915년 벼락을 맞아 일부 파괴되었는데, 1919년 일본인에 의해 뒤쪽 면이 시멘트로 덧씌워졌다. 그 후 1999년에 이 탑의 해체 보수가 결정되었다. 기본 계획과 덧집 설치 등의 준비 과정을 거쳐 2001년 10월부터 본격적인 해체 작업에 들어갔으며, 2019년 3월 복원이 마무리되었다.

그런데 복원 전의 모습과는 차이가 있다. 1층과 2층은 뒤쪽 부분이 완전한 모습이 아니었지만, 복원된 탑은 완전한 모습으로 되어 있다. 사실 해체 복원을 하는 과정 내내 복원 방식을 두고 많은 논의가 있었지만, 탑의 안전성 등을 고려해 이 같은 최종 결정이 내려진 듯하다. 어떤 모습이 옳은지의 판단은 전문가들의 몫으로 돌리고, 어찌 되었든 우리 문화재 복원 역사상 가장 긴 공사 기간이 걸렸다는 기록을 남겼다.

익산 미륵사는 신라 진평왕의 딸 선화공주와 결혼한 백제 무왕 때(601년) 창건된 사찰이다. 무왕은 정치적 안정과 정복 전쟁의 승리로 왕권이 강화되자, 왕권 과시를 목적으로 대규모 토목 공사를 벌였다. 부여에 인공 호수와 인공 섬이 있는 궁남지를 만들었고, 익산에는 동방 최대 규모의 미륵사를 창건하였다.

또 익산은 사비성에 기반을 둔 귀족 세력의 힘을 약화시키기 위해 천도까지 시도했던 곳이다. 따라서 미륵사는 이런 의도가 반영된 사찰이기에 규모가 아주 컸다. 하지만 정치적 이유로 익산 천도는 실패했다.

미륵사지 석탑 복원 전(시멘트로 덧씌워진 모습)

미륵사지 석탑 복원 후(시멘트 부분이 복원된 모습)

왕궁리 5층 석탑 | 전북 익산

익산 왕궁리 5층 석탑은 미륵사지 석탑과 거리상으로는 멀지 않은 곳에 있다. 언뜻 보면 왕궁리 5층 석탑은 부여 정림사지 5층 석탑을 보는 듯 닮은 모습이며, 이 두 탑은 미륵사지 석탑에 영향을 받아 만들어진 것으로 평가되고 있다.

왕궁리 5층 석탑은 조형미가 뛰어난 백제계 석탑이다. 일반적으로 건립 시기는 고려 초기로 보고 있지만, 최근에는 통일신라 말기 또는 백제 시대에 만들어진 것이라는 주장도 있다. 그리고 이 유적지에는 절터 유적과 왕궁터 유적이 동시에 존재하고 있다. 즉, 백제 시대의 왕궁이 있었던 곳에 후대에 와서 사찰로 변하면서 석탑이 세워진 것이다.

또 왕궁리 5층 석탑 옆에는 두 그루의 소나무가 서로 부둥켜안고 있는 듯한 애인 소나무가 있어 눈길을 끈다. 전국을 여행하다 보면 '부부 소나

익산 쌍릉(무왕릉으로 추정) | 전북 익산

왕궁리 5층 석탑과 애인 소나무 | 전북 익산

무'는 종종 있지만, '애인 소나무'라 칭하는 소나무는 처음인 듯하다. 그냥 지나칠 수 있는 소나무에도 의미를 부여할 수 있는 것이 여행이 주는 묘미인 것 같다.

오대산 상원사와 월정사
그리고 사고

　강원도 오대산을 흘러내리는 오대천을 따라 올라가면 먼저 월정사 일주문이 나온다. 일주문에서 사찰까지는 전나무 숲이 조성되어 있어 힐링을 할 수 있는 장소이다. 그리고 주차장에서 금강교만 건너면 월정사이기 때문에 걷기를 싫어하는 사람들에게는 답사하기에 금상첨화이다.

　사찰에는 금강이라는 용어를 많이 사용한다. 단단해서 깨지지 않는 금강석처럼 변함이 없는 마음이 부처님 마음이다. 이런 의미 때문에 절에서는 금강이라는 단어를 흔히 사용한다.

　월정사는 신라 선덕여왕 때 자장율사가 창건한 유서 깊은 절이지만, 한국전쟁 때 모든 건물들이 전소되고 월정사 8각 9층 석탑과 탑 앞에 앉아 있는 석조보살좌상만이 남게 되었다.

　월정사 8각 9층 석탑은 고려 전기에 만들어진 다각다층 석탑이다. 고

월정사 8각 9층 석탑 | 강원도 평창

려 시대로 들어오면서 탑신의 형태가 4각형 평면에서 벗어나는 다각형의 다층석탑이 북쪽 지방에서 유행하기 시작했는데, 이 탑도 그런 흐름 속에서 만들어진 것이다. 이런 다각다층 석탑은 고구려의 영향을 받은 것으로 남한에서는 흔치 않은 양식이다.

월정사 8각 9층 석탑은 고려 귀족문화의 영향을 받아 화려하면서도 전체적인 비례가 안정적이고 단아한 멋을 지녔기 때문에 고려 전기를 대표하는 석탑이다. 또 탑의 높이가 15.2m로 높은 탑에 속하지만 날씬한 편이어서 웅장하게 보이지는 않는 편이다.

지붕돌은 복잡하지 않게 간략하게 마무리하였으며, 여덟 귀퉁이에는 청동으로 만든 풍경을 달아 놓은 것이 특징이다.

탑의 상륜부는 완전히 남아 있으며, 노반·복발·앙화·보륜까지는 석

월정사 석조보살좌상 ㅣ 강원도 평창

313

월정사 적광전 | 강원도 평창

제이고, 그 위에 있는 보개·수연·보주는 금동으로 만들어 놓았다.

　탑 앞에서 무릎을 꿇고 앉아 있는 석조보살좌상은 보물로 지정되어 있다가, 2017년 1월에 국보로 지정되었다. 현재 석조보살좌상의 진품은 성보박물관에 보관되어 있으며 석탑 앞에 앉아 있는 보살상은 복제품이다.

　월정사 법당의 이름은 적광전이다. 본래 적광전은 비로자나불을 모시는 집이다. 그런데 월정사의 적광전에 있는 부처님은 항마촉지인의 수인으로 석가모니불의 모습을 하고 있다.

　어떤 이유에서 이렇게 되었는지는 모르겠지만, 원칙에서 벗어난 이런 모습도 넓은 마음을 가진 부처님은 모두 이해하고 감싸 준다고 한다. 이런 너그러운 마음이 곧 부처님의 마음이다.

　그래서 이름은 적광전이지만 대웅전이라고 부르든 석가모니불의 모습을 하고 있지만 비로자나불이라고 부르든 부처님의 마음으로 본다면 크게 중요치 않다는 것이다.

월정사에서 상원사 방향으로 3.5㎞ 정도를 가다 보면 왼쪽으로 가는 작은 길이 나온다. 그 길을 따라 조금만 가다 보면 오대산 사고가 나온다. 오대산 사고 건물은 한국전쟁 때 소실되었다가 근래에 와서 다시 복원해 놓은 것이다.

'사고'란 조선 왕조의 실록을 보관하는 서고이다. 실록은 완전한 소실을 방지하기 위해 여러 곳에 분산·보관하였다. 처음에는 춘추관·충주·성주·전주 4곳에 보관하였다. 임진왜란을 겪으면서 전주 사고본을 제외한 나머지는 소실되었다. 그래서 필사본 4부를 더 만들어 춘추관·묘향산·오대산·태백산·마니산에 보관하게 되었다. 또 사고는 지역 중심지에서 외부의 영향을 적게 받는 험준한 산 위로 올라갔으며, 수비는 주변의 사찰에게 맡기고 필요한 비용을 지급하였다.

오대산 사고 | 강원도 평창

춘추관 사고본은 1624년 이괄의 난 때 또다시 소실되었다. 그리고 이괄의 잔당이 후금에 투항하면서 조선 침략을 요청하고, 또 후금이 성장하면서 국경선 부근은 위기에 처한 상태였다.

이를 계기로 국경선 가까이에 있던 묘향산본은 상대적으로 안전한 남쪽 지역인 무주 적상산에 사고를 짓고 옮기게 되었다. 강화도 마니산본은 병자호란 때 피해를 입어 보수를 해서 바로 그 옆인 정족산에 사고를 만들어 이관하였다.

그 이후 변함없이 오다가, 일제 때 오대산본은 일본으로 가져갔다가 관동대지진으로 인해 대부분 소실되었고, 정족산본과 태백산본은 경성제국대학으로 옮겨졌다. 현재 정족산본은 서울대 규장각, 태백산본은 국가기록원에 보관되어 있다. 적상산본은 한국전쟁 때 북한으로 가져갔다.

사고에서 6㎞ 정도를 더 올라가면 상원사가 나온다. 상원사 주차장에서 사찰 쪽으로 걷다 보면 가장 먼저 나오는 것이 관대걸이이다. 관대걸이는 관복을 걸어 두던 옷걸이이다. 상원사는 세조와 인연이 많은 절인데, 이 관대걸이에도 세조와 관련된 일화가 있다.

세조는 피부병으로 고생을 많이 했던 왕이다. 그래서 피부병을 치료하기 위해서 공기 좋고 물이 맑은 오대산 상원사를 가끔 찾았다. 실제로 오대산에서 흐르는 물은 우리나라에서 가장 맑고 약효가 뛰어나다고 전해진단다.

본 절에 들어가기 전에 절 입구 계곡에서 땀에 젖은 몸을 씻기 위해 관대걸이에 옷을 걸어 두고 목욕을 한다. 그런데 임금의 옥체를 신하들이

상원사 문수전 | 강원도 평창

함부로 보아서는 안 되기 때문에, 세조는 신하들을 저 멀리 물리치고 목
욕을 했다. 마침 그때 겁 없는 동자승 한 명이 옆을 지나가는 것이었다.
그래서 세조는 그 동자승을 불러서 등을 밀게 했다. 그러고 나서 세조는
동자승에게 "어디 가서 임금의 옥체를 보았다고 말하지 마시오."라고 했
다. 그러니까 동자승도 "임금께서도 문수보살을 보았다고 말하지 마시
오." 하면서 홀연히 사라졌다.

　세조는 정신이 혼미해졌고, 정신을 차려서 보니 몸에 나 있던 부스럼이
말끔히 나아졌다는 것이다. 세조는 그때 보았던 문수보살에 대한 고마운
마음을 표현하기 위해 나무로 문수보살을 만들어 법당에 안치하게 했다.
지금 상원사 법당에 있는 목조문수보살좌상이 바로 그것이며, 보물로 지
정되어 있다.

상원사 동종 비천상 | 강원도 평창

　또 세조는 이 고마운 상원사에 조선에서 가장 아름다운 종소리를 내는
범종을 구해다 놓으라고 지시했다.

　신하들은 조선 팔도를 찾아 헤맨 끝에 안동 누문에 걸려 있던 범종을
발견했다. 이 종을 상원사로 가져오기 위해서 누문에서 떼어 내려고 하니
꼼짝도 하지 않았다고 한다. 그래서 종 표면에 붙어 있는 종유 하나를 떼
어 내니까 이 종이 움직이더라는 것이다. 그런 연유로 지금 상원사에 있
는 상원사 동종에는 종유 하나가 없다.

통일 신라 때에는 범종 주조 기술이 뛰어나 우수한 범종들이 많이 만들어졌다. 그중에서도 오대산 상원사 동종은 우리나라에서 가장 오래된 범종으로, 종 표면에 조각되어 있는 비천상에서는 힘이 느껴진다. 하나의 유곽 안에는 9개의 종유가 조각되어 있다. 종유는 대부분 돋을새김 정도로 표현되는데, 상원사 동종은 돌기가 확실하게 튀어나오게 표현된 것이 특징이다. 종유는 젖꼭지, 즉 유두를 닮았다고 해서 붙여진 이름이다.

세조는 문수보살을 친견하기 위해 상원사를 또다시 찾았다. 법당 안으로 들어서는 순간, 고양이 한 마리가 뛰쳐나오면서 세조가 안으로 들어가지 못하게 했다. 그래서 이상한 낌새를 느낀 세조는 신하들을 시켜서 법당 안을 뒤지게 했다. 법당 안에는 칼을 품은 자객이 숨어 있었는데, 그

고양이 석상 | 오대산 상원사

고양이 때문에 세조는 목숨을 구할 수 있었다. 세조는 고양이에 대한 고마운 마음을 표현하기 위해 고양이 석상을 만들어 세우게 했다. 그 고양이 석상이 지금도 법당 앞마당에 자리하고 있다.

상원사에는 1시간 정도 산으로 걸어 올라가면 적멸보궁이 있다. 우리나라 5대 적멸보궁에 속하는 사찰은 양산 통도사, 설악산 봉정암, 오대산 상원사, 영월 사자산 법흥사, 태백산 정암사이다. 적멸보궁이 있는 사찰들의 공통점은 자장율사가 당에서 진신사리를 가져와 창건했다는 것이다. 그리고 부처님 진신사리를 봉안하고 있기 때문에 법당 안에는 불상이 없는 것이 특징이다.

적멸보궁 중에서 으뜸은 양산 통도사이다. 통도사에는 대웅전 뒤편에 진신사리를 봉안한 금강계단이 마련되어 있어 불보사찰에 해당된다. 우

통도사 적멸보궁 | 경남 양산

리나라 3보 사찰에는 부처님 진신사리가 봉안되어 있는 불보사찰인 통도사, 팔만대장경이 봉안되어 있는 법보사찰인 해인사, 16국사가 배출된 승보사찰인 송광사가 있다.

오대산 월정사계곡처럼 하나의 골짜기 안에 이처럼 많은 이야기가 숨어 있는 곳도 흔치 않다. 그래서 나는 역사적으로 이야깃거리가 많은 오대산을 좋아한다.

다양한 유적이 분포하는
단양

구석기 시대에는 큰 사냥감을 찾아 무리를 지어 이동 생활을 하면서 살았다. 무리 가운데 경험이 많고 지혜로운 사람이 지도자가 되었으나, 권력을 가진 것은 아니기 때문에 평등한 공동체 사회를 이루고 있었다. 도구로는 돌을 깨뜨려 불필요한 부분을 떼어 내어 만든 뗀석기를 사용했다.

단양은 남한강 상류에 위치하고 있으며, 석회동굴이 많이 분포되어 있는 지역이다. 구석기인들은 동굴이나 강가에 막집을 짓고 살았기 때문에 남한강과 석회동굴은 삶의 터전이 되었다. 단양의 대표적인 구석기 유적으로는 금굴, 수양개 유적, 상시 바위그늘유적 등이 있다.

단양 금굴은 우리나라에서 발견된 구석기 유적 중에서 시기적으로 가장 오래된 유적지이다. 금굴을 통해 한반도에서 사람이 살기 시작한 시기를 약 70만 년 전으로 보게 된 것이다.

단양 금굴 | 충북 단양

단양 금굴 | 내부에서 본 모습

금굴은 남한강을 끼고 있는 석회동굴이기 때문에 사람이 살기에 최적의 장소이다. 비와 바람을 막을 수 있는 동굴과 물을 구하고 물고기를 잡을 수 있는 강, 그리고 뒤쪽은 산이므로 짐승을 잡기에 유리한 곳이다.

금굴은 길이가 85m 정도로 구석기 동굴 유적 중에서는 큰 편에 속하며, 사람이 살기에 넉넉한 규모이다. 이 금굴은 충주댐 건설을 위한 수몰지역 지표 조사를 통해 1983년에 발굴되었다.

수양개 유적도 남한강가에 위치하고 있다. '수양개'라는 지명은 '수양버들이 많은 개울가'라는 의미를 가지고 있다. 지명에 '개(介)'자가 붙은 지역은 주로 강가에 있는 마을이 많다. 수양개 유적은 우리나라에서 발굴된 구석기 유적지 중에서 면적이 가장 넓은 유적지이다. 또 석기의 제작 기법과 종류가 다양하며, 발굴된 유물의 수도 다른 유적지에 비해 많은 편

수양개 선사유물전시관 | 충북 단양

상시 바위그늘유적 | 충북 단양

이라 세계적으로 주목을 받고 있는 유적지이다.

한반도 전체에서 최초로 인골화석이 발견된 곳은 북한 평안남도에 있는 덕천 승리산동굴이며, 남한 지역에서 최초로 인골화석이 발견된 곳은 상시 바위그늘유적이다. 상시 바위그늘유적은 옆에 매포천이 흐르고 있으며, 석회암 절벽 아래에 위치한다. '바위그늘'은 바위가 그늘을 만들어 주는 정도로 바위가 약간 파여 있는 형태이다.

단양은 한강 상류이면서 소백산맥 북쪽에 위치하여, 삼국이 연결되는 중심지였다. 또 군사적 요충지였기 때문에 영토 확장 경쟁이 가장 치열했

온달산성 | 충북 단양

던 곳으로, 고구려와 신라의 영토 확장을 위한 전초 기지가 되었다. 따라서 단양에는 고구려가 쌓은 온달산성과 신라가 쌓은 적성산성이 있다. 이처럼 하나의 지역에 같은 시대의 두 나라가 쌓은 산성을 보는 것은 흔치 않은 경우이다.

온달산성은 고구려 평원왕 때 사위인 온달 장군이 신라의 침입을 막기 위하여 축성한 산성이다. 비슷한 크기로 다듬은 석회암 널돌을 이용하여 수직에 가깝게 쌓은 석성이다. 남한강이 내려다보이는 산 정상에 테두리처럼 쌓은 테뫼식 산성으로, 성곽의 모양 생김새가 소코뚜레를 닮은 듯해서 인상적이다.

이 산성에 가기 위해서는 온달 관광지에서 약 1시간 정도 가파른 계단을 올라가야 한다. 하지만 정상에 서면 탁 트인 시야가 보여 주는 아름다

온달산성 ∣ 충북 단양

적성산성 ∣ 충북 단양

적성산성 | 충북 단양

운 풍광 때문에 올라가는 수고는 감수할 만한 가치가 있다.

적성산성의 성벽은 돌과 진흙으로 기초를 다진 후 자연석을 거의 손질하지 않은 상태로 쌓은 석성이다. 성곽의 모양은 활처럼 휘어져 있다. '적성(赤城)'이라는 이름은 '붉은 성'을 의미한다. 단양은 석회암지대이기 때문에 붉은색을 띠는 테라로사 토양이다. 아마도 붉은 토양에 있는 성을 의미한다고 볼 수 있다. 적성은 행정 구역상으로 단양군 단성면에 있다. '단성(丹城)'도 적성과 같은 의미를 가지고 있다.

적성산성은 성재산 꼭대기를 빙 둘러 테두리처럼 쌓은 테뫼식 산성으로, 아래로는 남한강이 내려다보인다. 이 산성을 가기 위해서는 단성면 소재지를 거쳐서 올라가는 방법이 있고, 또 요즈음은 춘천 방향의 단양 휴게소에서 차를 주차하고 쪽문을 통해 올라갈 수도 있다.

이 적성산성에는 신라 진흥왕이 백제와 연합하여 고구려를 쳐서 한강 상류 지역인 단양을 점령하고 그 기념으로 세운 단양 적성비가 있다. 또 신라 입장에서 이 단양 지역을 차지했다는 것은 아주 큰 의미가 있다. 소백산맥 이남에 국한되던 영토가 소백산맥을 넘어 더 넓은 지역으로 진출할 수 있는 전진 기지로서의 발판을 마련하였기 때문이다.

온달산성과 적성산성을 비교해 보면 비슷한 시대에 쌓은 산성이지만 차이점이 있다. 이는 나라마다 산성 축성술이 다름을 엿볼 수 있는 것이다. 온달산성은 돌을 다듬어서 쌓았으며, 산성 모양은 '소코뚜레'를 닮았다. 이에 비해 적성산성은 거의 손질하지 않은 자연석으로 쌓았으며, '휘어진 활' 모양을 하고 있다. 하지만 이 두 산성은 산 정상에 있으며, 남한강을 끼고 흐르기 때문에 풍광이 아름답게 보인다. 그래서 단양 여행을

단양 적성비 | 충북 단양

적성산성에서 본 남한강과 죽령 | 충북 단양

가면 고생스럽지만 꼭 한번 올라가 보기를 바란다.

　그리고 단양은 '단양 팔경'으로 유명하다. 여기서 '팔경'이란 여덟 곳의 빼어난 경관을 말하며, 중국의 '소상 팔경'에서 따온 말이다. 동양에서는 '8'을 우주의 원리와 자연의 이치를 담고 있는 숫자라 생각해 오래 전부터 즐겨 사용했기 때문에, '팔정도', '팔등신', '팔자' 등과 같은 단어를 많이 사용하고 있다.

　조선 시대에도 '팔경'이라 부르던 명승지는 여러 곳 있었다. 그중에서 원조격인 '단양 팔경'은 1548년 이황이 단양 현감으로 있을 때 명명했으며, '관동 팔경'은 1580년 정철이 지은 관동별곡에서 노래했다. 단양은 아름다운 명승지뿐만 아니라 다양한 유적이 분포하는 고장이라 내가 좋아하는 곳이다.

한국의 산사,
매향이 가득한 선암사

    순천 조계산 자락에 자리 잡은 선암사는 비구승과 대처승 간의 분규가 진행된 1954년 이후로 소유권을 두고 조계종과 태고종이 대립해 오고 있는 사찰이다.

    우리나라 불교의 흐름을 잠시 살펴보면, 원나라 임제종의 법맥이 고려 말 태고 보우스님을 통해 휴정(서산대사)에게까지 연결되었다는 태고 법통설이 조선 인조 때 확립되면서 '임제종'이 조선 불교의 중심이 되었다. 일제 시대 때는 일본 불교에도 임제종이 있었기 때문에 이를 구분하기 위해 '조선불교 조계종'으로 이름을 바꾸었다.

    한국전쟁이 끝나고 사회가 혼란에 빠지자, 이를 수습하는 차원에서 정부는 1954년 종교계가 앞장서서 모범을 보이게 하는 종교 정화운동을 전개했다. 불교계에서도 불교 정화운동이 진행되면서 결혼을 할 수 있는 대

선암사 대웅전 | 전남 순천

처승들을 사찰 밖으로 쫓아내게 되었다.

이때 순천 선암사에 있던 대처승들도 공권력에 의해 절 밖으로 쫓겨났다. 그런데 대처승들이 다시 모여 선암사로 진입하게 되면서 대처승과 비구승 간에 각목대결이 벌어졌다. 그 결과 대처승들이 승리를 하면서 선암사는 대처승들이 차지하게 되었다.

이후 비구승들은 대처승들과의 차별화를 위해 1962년 '조선불교 조계종'에서 분리하여 '대한불교 조계종'이라는 종단을 창단하면서 지눌스님을 종조로 삼았다. 그러면서 선암사를 대한불교 조계종의 자산 목록에 넣어 관리를 하게 되었다.

1970년 대처승들도 태고 보우스님을 종조로 내세우고 '한국불교 태고종'을 창단하면서 선암사는 태고종의 본산이 되었다. 이후 선암사에 대한 조계종과 태고종 간의 본격적인 소유권 분쟁이 시작되었다.

정부는 선암사가 조계종과 태고종 사이에서 분쟁이 지속되어 오자 1970년 3월 말 선암사 재산관리인으로 승주군수를 임명했으며, 행정구역 변경으로 순천시장이 관리인으로 승계해 왔다. 이로써 선암사는 순천시장이 재산관리인을 맡고 태고종 승려들이 사찰을 점유해 사용해 오고 있는 상황이 되었다.

2016년 7월에 있었던 1심 판결에서 법원은 선암사에 대한 태고종의 소유권을 인정하였다. 하지만 2018년 2월에 있었던 2심 판결에서 광주고등법원은 화해·권고 결정이 확정된 날로부터 40년간 조계산 선암사에 관한 모든 관리권이 태고종에 있으며, 이후부터는 조계종이 관리하도록 했다. 태고종이 화해·권고 결정을 수용하지 않으면서 분쟁이 계속되고

그림자가 드리운 절집 문 | 순천 선암사

있는 상황이다.

일반적으로 불교에 대해서 잘 모르는 이들은 불교 종파 중에서 조계종과 천태종은 알지만 태고종은 생소하게 느끼는 경우를 종종 봤다. 현재 우리나라에는 수많은(370개 이상으로 추정) 불교 종파가 있으며, 한국불교 종단 협의회에 소속된 종단 수만 해도 30개가 된다. 전체적인 규모를 고려했을 때, 제1대 종단이 대한불교 조계종, 2대 종단이 한국불교 태고종, 3대 종단이 대한불교 천태종이라고 볼 수 있다.

흔히들 스님들은 결혼을 하지 않는다고 이야기하지만, 태고종 스님들처럼 결혼을 할 수 있는 대처승들도 많이 있다.

그리고 불교 종단 중에서 '조계종'이라 이름을 붙이는 종단은 많이 있다. 즉 '조계종'이 붙는 종단에는 대한불교 조계종, 임제불교 조계종, 유식불교 조계종, 석가불교 조계종, 통일불교 조계종, 대원불교 조계종, 대한사찰 조계종 등등 이외에도 무수히 많다. 따라서 그냥 '조계종'이라 하면 혼돈할 수 있는 경우에는 '대한불교 조계종' 등으로 불러야 한다.

선암사는 소박하면서도 화려하고, 화려한 듯하면서도 소박한 사찰이라고 표현하고 싶다. 화려하게 꾸민 것은 아니지만 아름다움을 간직한 사찰이기 때문이다.

입구에서 절을 향해 걸어가다 보면 2개의 홍교가 나오는데, 그중 안쪽 홍교가 승선교이다. 승선교 아래에서 뒤쪽으로 보이는 강선루를 넣고 사진을 담는 것이 선암사의 가장 대표적인 포토존이다. 승선교는 선녀가 내려와서 앉았다는 곳이며, 강선루는 선녀가 하늘로 올라갔다는 곳이라고 한다.

선암사 승선교 | 전남 순천

　선암사에서 눈여겨봐야 할 것 중 하나가 전통 화장실이다. 우리나라에서 가장 규모가 큰 전통 화장실이면서 가장 아름다운 화장실로 손꼽히는 곳이다.

　또 특징적인 것은 선암사에는 어간문이 없다는 점이다. 어간문은 대웅전 중간에 있는 출입문이며, 다른 사찰에서는 주로 스님들이 드나드는 문으로 사용되고 있다. 하지만 선암사에서는 부처님처럼 깨달음을 얻은 자만이 드나들 수 있는 문이 어간문이라고 여겨 만들지 않았다. 그래서 대웅전 중간에는 사람이 드나들지 못하게 약간의 턱을 만들어 두고, 그 위에 창문처럼 문을 만들어 놓았다.

　선암사 대웅전은 정면 3칸, 측면 3칸 규모의 팔작지붕 건물이며, 보물로 지정되어 있다. 언뜻 보면 정면 3칸의 문이 모두 비슷해 보이지만, 자

선암사 뒷간 | 전남 순천

어간문이 없는 대웅전 | 중간은 출입이 불가능

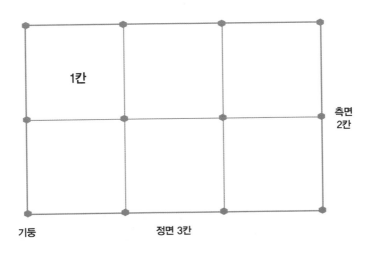

정면 3칸 × 측면 2칸 = 6칸

세히 보면 중간의 문과 그 양쪽의 문에 차이가 있음을 알 수 있다. 즉 중간의 문은 아랫부분에 약간의 턱을 만들어 놓아, 일반적인 출입문의 기능을 하지 못하도록 한 것이다. 그래서 선암사 대웅전은 어간문이 없는 것이 다른 사찰의 대웅전과 차이가 나는 특이점이다.

흔히 우리가 전통 가옥의 규모를 언급할 때, '이 집은 99칸짜리 집이다'라는 식으로 이야기를 한다. 즉, 1칸은 기둥과 기둥 사이의 공간을 말한다.

예를 들어 정면 3칸, 측면 2칸의 건물이라면, 이 건물은 6칸짜리 건물이 되는 것이다. 그래서 가옥 전체의 규모를 이야기할 때는 건물의 수 또는 방의 수를 의미하는 것이 아니라, 각 건물마다의 칸 수를 합한 것을 의미하는 것이다. 선암사 대웅전의 경우는 정면 3칸, 측면 3칸이기 때문에,

9칸짜리 건물이 되는 것이다.

선암사의 또 다른 특징은 소박하면서도 화려한 사찰이라는 점이다. 사찰의 건축적 분위기로 보면 화려하지 않은 듯하면서 고풍미가 느껴져 마음을 편안하게 하는 절이다. 그런데 선암사는 사계절 언제든 예쁜 꽃을 만날 수 있는 곳이다. 즉, 사계절 꽃이 피는 사찰이 선암사이다.

선암사에서 봄을 대표하는 꽃은 '선암매'이다. 선암매는 원통전 뒤편에

선암사 백매 | 전남 순천

선암사 홍매 | 전남 순천

있는 백매화와 각황전 담길의 홍매화 등을 말한다. 그중에서 으뜸은 원통전 뒤편의 백매화이다. '선암사 백매'는 수령이 600년이 넘은 나무로, 우리나라에서 가장 크고 오래된 매화나무이다.

일반적으로 꽃을 많이 피우거나 열매를 많이 맺는 나무는 대부분 수명이 길지가 않다. 그래서 선암사 백매처럼 수령이 600년 이상이면 수명이 아주 긴 편에 속하는 나무가 된다.

예전에는 우리나라에서 가장 오래된 매화나무가 산청 단속사지에 있는 '정당매'로 알려져 있었다. 하지만 전문가들의 연구 결과에 따르면 처음에 심은 정당매는 심은 지 약 100년 만에 고사하고, 그 자리에 후손이 다시 심은 매화가 지금의 정당매라고 한다. 그래서 지금의 정당매는 '선암사 백매'보다 50년 이상 수령이 적은 것으로 알려져 있다. 결국 현재 우리나라에서 가장 오래된 매화나무는 '선암사 백매'이다.

우리나라를 대표하는 4대 매화는 선암사의 '선암매', 화엄사의 '화엄매', 백양사의 '고불매', 오죽헌의 '율곡매'이다. 이뿐만 아니라 우리나라를 대표하는 유명한 매화들이 많이 있는데, 선암매처럼 군락을 이루기보다는 홀로 있는 경우가 대부분이다.

선비들이 매화를 좋아하는 이유는 매화는 화려한 곳에서 피는 것이 아니라 외딴곳에서 홀로 조용히 피면서 멀리까지 향기를 퍼트려 은둔하는 선비를 상징하기 때문이다. 학식이 높은 선비가 산골 깊은 곳에 머물러 있어도 그 명성이 퍼져 나가 사람들이 모여들 듯이, 매향은 과하지 않고 은은하지만 멀리 퍼져 나간다.

아주 조용한 곳에서 혼자 조심스레 다가가야 매화의 본성을 느낄 수 있으며, 혼잡한 세상에서는 그 향기의 진가를 발휘할 수 없다. 그래서 나도 다가오는 봄에는 은둔하는 선비처럼 조용한 곳에서 은은한 매화 향기를 느껴 보고 싶다.

그리고 매화는 매서운 겨울을 견뎌 내고 추위 속에서도 변함없이 가장 먼저 꽃을 피우기 때문에 매화를 보면서 시련을 견뎌 내는 힘을 얻는다. 또 매화는 시련 속에서도 굽히지 않는 선비들의 곧은 절개를 상징하기 때문에 선비들이 사랑했던 꽃이다.

사실 매화는 심는 목적에 따라 2가지로 구분된다. 꽃과 향기를 감상하기 위해 심은 나무는 '매화나무'라 하고, 열매 수확을 목적으로 심은 나무는 '매실나무'라 한다.

선비들이 심은 나무는 꽃과 향기를 목적으로 하기 때문에 '매화나무'가

선암사 수조

된다. 은은한 향기를 느끼기 위해 한 그루만 심어서 감상을 하는 것이다.

그리고 요즘은 매화 하면 가장 유명한 곳이 광양 매실마을이다. 이곳은 탐매를 목적으로 심은 것이 아니라, 매실 수확을 목적으로 심었기 때문에 '매실나무'가 된다. 즉, 열매 수확을 목적으로 하기 때문에 수많은 나무를 심은 것이다. 그래서 광양은 매화마을이 아니라 매실마을이라고 해야 한다.

선암사는 전통과 아름다움을 간직한 사찰이기 때문에 유네스코 세계문화유산에 등재되었다. 2018년 세계문화유산에 등재된 한국의 산사 7곳은 순천 선암사, 해남 대흥사, 양산 통도사, 공주 마곡사, 속리산 법주사, 영주 부석사, 안동 봉정사이다.

돌장승과
남근석을 찾아서

　장승은 마을의 경계를 표시하는 이정표 역할을 하면서 마을로 들어오
는 잡귀를 막아 주고 마을의 안녕과 풍요를 비는 의미를 지닌다. 또 장승
은 민간신앙의 역할을 하면서 우리 민족의 생활 속에 뿌리 깊게 자리해
온 조형물이다. 즉, 장승은 공동체 생활을 강조하는 의미가 있다.

　절 입구에도 장승을 세우는 경우가 종종 있는데, 사찰장승은 절의 경계
를 표시하면서 성스러운 영역의 입구임을 알려 주는 상징물로 수호신의
역할을 한다.

　일반적으로 장승 하면 나무로 만든 것을 떠올리게 된다. 하지만 남부
지방에서는 돌로 만든 돌장승을 볼 수가 있다. 돌장승은 주로 전라도 지
방에서 많이 볼 수 있으며, 경상도 지역에서는 상주 남장사 돌장승과 창
녕 관룡사 돌장승 그리고 통영 문화동 돌장승이 대표적이다.

서천리 돌장승 | 전북 남원

법천사 가는 길의 나무장승 | 전남 무안

　나무 장승은 재료의 특성상 오래도록 보존되기 힘들어 역사가 긴 것을 찾아보기 어렵다. 이에 비해 돌장승은 오랜 세월 견딜 수 있는 장점이 있다. 하지만 돌장승이나 남근석 같은 것은 제작하는 데 상당한 돈이 들기 때문에, 비용을 감당할 수 있는 경제적 여력이 있는 마을에서만 세울 수 있었다.

　우리나라 돌장승 가운데 제작 연대를 확실히 알 수 있는 것은 많지 않다. 현재 제작 연대가 명확히 밝혀진 장승 중에서 가장 오래된 것은 부안 서문안 돌장승으로 1689년에 만들어졌다. 그리고 남원 실상사 돌장승은

1725년에 만들어졌으며, 창녕 관룡사 돌장승은 1773년경 만들어진 것으로 추정하고 있다.

제작 연대가 뚜렷한 이 장승들을 통해 다른 돌장승들의 제작 연대를 추정하는 기준으로 삼고 있다. 이로 미루어 볼 때, 우리나라 돌장승들은 대체적으로 1700년을 전후한 시기부터 유행하기 시작했음을 알 수 있다.

장승은 보통 남녀로 한 쌍씩 배치하는데, 이는 음양의 조화를 나타낸다. 그리고 우리가 흔히 장승 하면 떠오르는 이름이 '천하대장군'과 '지하여장군'인데, 이는 나무 장승에서 종종 볼 수 있는 이름이다. 그런데 돌장승에서는 '상원주장군'과 '하원당장군' 등으로 많이 불리며, 1906년에 제작된 통영 문화동 돌장승은 '토지대장군'이라 불린다.

실상사 돌장승 | 전북 남원

남계리 돌장승(왼쪽) 충신리 돌장승(오른쪽) | 전남 순창

순창읍은 평야지대에 자리하고 있기 때문에 북방이 허해서 기가 약하다고 생각했다. 그래서 기가 허한 곳을 막아 주는 비보의 필요성에서 동쪽과 북쪽에 돌장승을 세웠다. 즉 동쪽의 장승이 남계리 돌장승이며, 북쪽의 장승이 충신리 돌장승이다. 보통 장승은 남녀 한 쌍으로 세우지만, 이런 이유로 이 지역에서는 각각 하나의 돌장승을 세운 것이다.

충신리 돌장승은 턱 아래에 작은 젖가슴이 새겨져 있고, 남계리 돌장승은 얼굴에 연지와 곤지를 연상케 하는 큰 점이 돋을새김으로 되어 있다. 이런 점을 고려해 볼 때 이 두 돌장승은 여자 장승으로 보이며, 질병과 액운을 막기 위해 세운 것이다. 그리고 남계리 돌장승은 두 손이 새겨져 있는 것이 특징이다.

법천사 돌장승 | 전남 무안

　순창 지역이 개발되면서 현재는 이 두 돌장승이 순창문화원 뜰에 서로 마주 보고 세워져 있다. 몇 년 전에 옮겨 오면서 이끼 등을 제거하는 보존 처리를 하여 모조품을 보는 듯한 느낌이 들 정도로 깨끗이 청소되어 있다. 어떤 것이 옳은 선택인지는 전문가의 판단으로 돌리지만, 어찌 되었든 내가 20여 년 전에 봤을 때보다 실망감이 드는 것은 어쩔 수 없었다.

　무안 법천사 돌장승은 사찰을 지키는 수문장으로 절의 경계를 표시하며, 살생이나 나무 채취 등을 제한하는 기준이 된다. 돌장승 아랫부분에는 작은 돌멩이가 수북이 쌓여 있다. 절에 올라가던 사람들이 돌을 올리면서 소원을 빌었던 것이다. 이처럼 돌멩이가 쌓여 있는 돌장승은 흔한 모습은 아니다.

아들 갖기를 원하는 사람들은 장승 앞에서 제사를 지내거나, 장승의 코를 떼어다가 갈아서 물에 타 마시기도 했다. 그래서 법천사 돌장승뿐만 아니라 다른 돌장승에서도 코가 떨어져 나가 없는 것을 종종 볼 수 있다.

창녕 관룡사 돌장승은 주장군이나 당장군과 같은 글자가 새겨져 있지는 않다. 남장승은 툭 튀어나올 듯한 커다란 눈이 깊이 새겨져 있고, 주먹코에는 콧구멍이 뚫려 있는 것이 특이하며 이런 모습은 보기 드문 경우이다. 콧잔등에는 두 개의 주름을 새겨 놓았는데 꼭 안경을 쓴 듯한 느낌을 준다.

여장승도 커다란 둥근 눈과 코에는 콧구멍이 뚫려 있으며, 꼭 다문 입술 사이로 송곳니 두 개가 뻗어 나와 있다. 이 두 장승은 전체적으로 안정

관룡사 돌장승 | 경남 창녕

문화동 돌장승 | 경남 통영

감을 주는 작품으로 평가되고 있다.

통영 문화동 돌장승은 얼굴과 턱수염 그리고 머리와 귀 등에 채색을 가한 것으로 장승의 형태가 변질되었음을 보여 준다. 속칭 '화장한 돌장승'으로 유명하다. 얼굴의 형태가 무서운 표정을 강조하고 있으며 또 지나치게 과장된 표현이 특징이다. 이런 형태는 20세기에 제작되는 장승들의 일반적인 모형이 되었다.

마을 장승들은 대개 농업 생산력이 발달한 지역과 밀접한 연관을 맺으면서 남근석과 같은 성신앙적인 조형물과 함께 발전하였다. 농업 사회에서 노동력의 증가는 곧 부의 증가를 의미하게 된다. 남근석은 주로 자손

남근석 | 임실 사곡리(왼쪽), 정읍 원백암(오른쪽)

의 번창과 아들을 갖고자 하는 사람들의 염원을 들어주고자 하는 마음에서 만들어졌다.

임실군 덕치면에 있는 사곡리 남근석은 마을에 전염병이 돌고 인심이 흉흉해지자 마을 형상이 여성의 성기를 닮았기 때문이라고 여겨 그 기운을 누르기 위해 마을 입구에 세우게 된 것이다. 남근석을 신앙의 대상물로 삼은 것은 다산과 풍년을 기원하는 의미가 포함되어 있기 때문이다. 네모난 화강암에 정으로 쪼은 자국이 거칠게 나 있으며, 사각 돌기둥 윗부분에 두두룩하게 턱을 두어 귀두를 표현하고 있다.

원백암 남근석은 정읍시 칠보면 원백암 마을 입구에 있는 느티나무 옆에 세워져 있다. 잘 다듬어진 남근석은 네모진 대석 위에 세워 놓았는데,

돌장승 | 정읍 원백암(위), 무안 총지사지(아래)

남원 돌장승 | 운봉 서천리(1·2), 운봉 권포리(3·4·5), 인월 의지리(6·7), 아영 유곡리(8·9)

같은 높이쯤의 느티나무에 세로로 홈이 파여 있어 음양의 조화를 상징하는 듯하다. 이 남근석은 단순하지만 힘 있게 솟은 조형미가 멋스럽게 느껴진다. 자손이 귀한 사람이나 불임인 여성이 네 번 절하고 남근석을 안아 주면 아이를 갖는다는 전설이 전해지고 있다. 그리고 남근석 근처에는 한 쌍의 돌장승이 세워져 있다.

　장승이나 남근석이 가지고 있는 기본 개념은 지역에 따라 큰 차이가 없기 때문에 대표적인 몇 곳만 골라 소개했다. 그리고 돌장승은 지역적으로 집중되어 분포하고 있는 특징이 있다. 전라도 지역 중에서 남원, 순창, 무안 인근 지역에는 많은 돌장승들이 분포하고 있다. 그중에서 돌장승이 가장 많이 분포하는 대표적인 지역은 남원이다. 또 돌장승은 지역적인 특색을 지니고 있음을 알 수 있다.

제주도의 다크투어리즘

　'다크투어리즘'이란 잔혹한 참상이 벌어졌던 역사적 장소나 재난 현장을 둘러보는 여행을 말한다. 제주도에는 4·3사건과 관련된 장소나 일제에 의해 건설된 군사기지 등 아픔을 간직한 곳이 많이 있다. 다크투어리즘을 하는 이유는 역사적 아픔을 느끼면서 교훈으로 삼고 미래에는 이런 아픔의 역사가 재발되지 않도록 노력하기 위함이다.

　제주도는 지역 전체가 4·3사건과 관련된 유적지라고 해도 과언이 아닐 정도로 많이 분포되어 있다. 또 4·3사건은 복잡하고 다양한 원인이 결합되어 있기 때문에 간단히 설명하기도 쉽지 않아 이해하는 데 어려움을 느끼게 된다. 그래서 아주 자세한 내용을 제시하기보다는 4·3사건에 대한 전체적인 맥락을 파악하고 4·3사건이 무엇인지를 이해할 수 있도록 설명하고자 한다.

관덕정 | 제주시 삼도동

 1945년 광복이 된 후 한반도에는 북위 38도선을 기준으로 남쪽에는 미군이, 북쪽에는 소련군이 주둔하면서 분단이 되었다. 북한에서는 사회주의 세력이, 남한에서는 자본주의 세력이 주도권을 잡았다. 하지만 남한 내부에서도 사회주의 세력이 잔존하고 있는 상황이었다.

 1947년 3월 1일, 3·1절을 맞아 좌파(사회주의) 진영이 중심이 되어 제주도 곳곳에서 기념행사가 열렸다. 기념식을 마친 군중들이 시내 중심에 있던 관덕정 앞에서 가두 행진을 할 때, 이를 구경하던 어린아이가 기마경찰이 탄 말에 치여 다치는 사고가 발생했다.

 이 경찰이 사고를 수습하지 않고 그냥 가 버렸기 때문에 일부 시민들은 돌을 던지면서 경찰서까지 쫓아갔다. 그런데 경찰은 이를 경찰서 습격 사건으로 오인하고 총격을 난사하면서 6명의 시민이 사망하게 되었다.

4·3사건을 기억하는 자리왓 팽나무 ㅣ 제주시 애월

　수세에 몰려 있던 남로당 제주도당은 이를 계기로 3·1사건 대책 투쟁 위원회를 결성하고 경찰에 저항하는 활동을 조직적으로 전개하였다. 또 시민들도 3·1발포사건에 대한 진상 규명과 경찰의 사과를 요구하고 있었다. 그래서 3월 10일에는 제주도청을 시작으로 3·1사건에 항의하는 차원에서 민·관이 총파업에 돌입하게 되었다.

　미군정은 사태가 심각해지자 진상 조사를 했는데, 제주도민의 경찰에 대한 반감과 이런 감정을 부추기는 남로당의 선동으로 총파업이 확산되고 있다고 파악했다. 하지만 미군정은 경찰의 발포 사건에 대한 책임을 추궁하기보다는, 좌익 세력을 척결하는 데 주력하는 정책을 전개했다.

　이런 정책 때문에 3·1사건 이후 제주도민과 경찰 사이에는 충돌이 자주 발생하였다. 이 과정에서 경찰에 검거된 인원이 2,500명을 넘었다.

1947년 11월 유엔총회에서는 한반도 문제를 논의한 결과 인구 비례에 의한 총선거 실시를 결정하였지만, 북한 지역의 인구가 적기 때문에 불리함을 느낀 소련은 이를 거부하였다. 다시 유엔에서는 실시 가능한 지역에서만 총선거를 실시하도록 했는데, 이는 남한에서만 단독으로 총선거를 실시하라는 것이나 마찬가지였다.

분단을 우려한 좌파 진영과 민족주의자들은 격렬히 반대하였지만, 5·10 총선거 실시를 위한 절차가 차근차근히 진행되었다. 남로당은 단독선거를 반대하는 의미에서 1948년 2월 7일 전국에서 총파업을 전개하였다. 이 와중에 3월에는 경찰에 연행된 청년 3명이 고문으로 숨지는 사건이 벌어졌다. 제주도민들의 민심이 동요하자, 경찰과 서북청년회의 탄압은 더욱 심해졌다.

알뜨르 비행장 | 서귀포시 대정

평화를 상징하는 파랑새 소녀상 | 알뜨르 비행장

　이런 상황 때문에 4월 3일 새벽 2시를 전후하여 350명의 무장대는 한라산 중턱에 햇불을 밝히고 경찰과 서북청년회를 습격하였다. 무장대는 경찰과 서북청년회의 탄압에 대한 저항과 남한 단독 선거와 단독 정부 수립 반대를 기치로 무장봉기를 한 것이다.

　4·3사태 후 미군정은 제주도의 해상교통을 차단하고, 응원경찰을 급파하는 등 경찰력을 강화하였다. 또 도민들의 반발이 거세지고 사태가 악화되자, 미군정은 경비대 제9연대에게 경찰과 협조하여 진압 작전에 참여하도록 명령하였다.

　이러한 가운데 5·10 총선거는 남한 단독으로 실시되었지만, 제주도의 3개 선거구 중에서 2개 선거구가 불에 타면서 무효 처리되었다. 따라서 200명의 국회의원을 뽑는 선거였지만, 초대 국회의원은 198명만 선출되

애기무덤 | 너분숭이 4·3기념관

었다. 그 결과 제주도는 5·10 총선거를 방해한 사회주의자의 섬으로 낙인
찍히게 되었다.

　이승만 정권은 정부 수립 후 단독 정부 수립을 반대한 지역으로 낙인이
찍힌 제주도에 토벌 명령을 내려 군대를 대거 투입하였다. 또 해안가에서
5㎞ 이상 떨어진 중산간 지역에는 통행만 해도 총살을 시키겠다는 금족령
이 내려졌다. 무장대가 주로 중산간 지역에 숨어 있었기 때문이다.

　그런데 금족령과 소개령이 내려졌는지 모르고 거주하고 있던 주민, 삶
의 터전으로 삼고 있었기 때문에 어쩔 수 없이 계속 거주하고 있었던 민
간인들이 무차별적으로 학살을 당하게 되었다. 또 해안가 마을 주민들도
무장대에 협조했다는 이유를 만들어 죽이기도 했다.

　제주 4·3사건 진상 보고서에 따르면, 제주 4·3사건은 "1947년 3월 1일

경찰의 발포 사건을 기점으로 하여, 경찰·서북청년회의 탄압에 대한 저항과 단독 선거·단독 정부 수립 반대를 기치로 1948년 4월 3일 남로당 제주도당 무장대가 무장 봉기한 이래 1954년 9월 21일 한라산 금족 지역이 전면 개방될 때까지 제주도에서 발생한 무장대와 토벌대 간의 무력 충돌과 토벌대의 진압 과정에서 수많은 주민들이 희생당한 사건"이라고 정의한다.

4·3사건 관련 유적지 중에서 몇 군데만 소개한다. 자리왓은 4·3사건 때 없어진 마을이다. 토벌대의 작전이 시작되면서 자리왓에도 소개령이 내려져 주민들은 아랫마을로 이주하고 마을은 불에 타 없어졌다. 소개령이란 금족령이 내려진 중산간 지역에 있던 주민들을 해안가 지역으로 이주하라는 명령이다. 이 과정에서 목숨을 잃은 사람도 있었다.

자리왓은 지금도 마을은 사라지고 없으며, 보리밭으로 변해 있었다. 이 마을 터는 일반 관광객이 찾는 곳은 아니지만, 그때도 있었을 팽나무 고목만 자리를 지키고 있는데 왠지 모를 쓸쓸함이 느껴진다.

섯알오름 학살터는 일본군이 알뜨르 지역을 군사 요새화하는 과정에서 만든 폭탄 창고였다. 섯알오름의 내부를 파내어 폭탄 창고로 사용했는데, 일제가 패망하면서 제주도에 진주한 미군이 폭파했다. 이때 오름이 함몰되면서 큰 구덩이가 만들어졌는데, 4·3사건 때 이 구덩이에서 대량 학살이 이루어졌다. 학살이 두 차례에 걸쳐 이루어졌기 때문에 암매장 구덩이도 두 개가 만들어진 것이다.

한국전쟁이 발발하자 이승만 정부는 예비검속령을 내렸다. 예비검속령

자리왓 | 제주시 애월

섯알오름 ㅣ 서귀포시 대정

은 빨갱이로 의심되는 사람들을 미리 체포하여 특정한 장소에 수용해 두
라는 명령이다. 후방에서 북한군과 결탁할 수 있다는 이유에서이다. 그
러나 대부분 실적을 올리기 위한 것으로 무고한 민간인들이 희생을 당했
다. 예비검속 때 섯알오름에서도 적법한 절차 없이 무자비하게 학살이 이
루어진 것이다.

　너븐숭이 4·3기념관은 북촌마을에서 일어난 학살 사건에 대한 이야기
를 기록해 놓은 곳이다. 북촌초등학교 서쪽 고갯길에서 무장대의 기습으
로 군인 2명이 사망하는 사건이 벌어지자, 이에 대한 보복으로 북촌마을
에 들어온 토벌대가 마을 주민 300여 명을 운동장에 모아 놓고 학살을 자
행했다.

　북촌마을 학살 사건 때 죽은 어른들의 시신은 살아남은 사람들에 의해

너븐숭이 4·3기념관 | 제주시 조천

다른 곳으로 이장되었지만, 어린아이들의 시신은 임시 매장되었던 그대로 기념관 뜰에 '애기무덤'으로 현재도 남아 있다. 이 중에는 이름도 짓지 않은 갓난아이도 포함되어 있다고 한다. '너븐숭이'는 제주도 방언으로 '약간 언덕진 넓은 돌밭'을 의미한다.

제주도에서는 4·3사건에 따른 아픔의 흔적 이외에 일제 침탈에 따른 아픔의 흔적도 찾을 수 있다. 일제는 패망의 전운이 감돌 때 제주도를 일본 본토 사수를 위한 최후 방어 기지로 삼으면서 오름과 해안가에는 동굴 진지를 구축하고 알뜨르 비행장에는 전투기 격납고를 만들었다. 이런 시설을 만들기 위해 일제는 제주 주민들을 강제로 동원했다. 강제노역에 동원된 주민들의 고통은 이루 말할 수 없을 정도였기 때문에 아픔의 흔적으

전투기 격납고 | 알뜨르 비행장

로 남아 있는 것이다.

송악산 근처에 있는 알뜨르 비행장은 일제가 중국 본토를 공격하기 위한 병참기지로 1926년부터 10년간 건설한 것이다. '알뜨르'는 제주도 방언으로 '아래벌판'이라는 뜻이다. 1937년 중일전쟁에서 승리한 일본은 상하이로 공군기지를 옮겨 갔다.

태평양전쟁에서 전세가 불리해지자 미군이 일본으로 진격해 올 것을 대비해, 제주도를 본토 방어를 위한 전진기지로 만들고자 했다. 알뜨르 비행장에 있는 격납고는 전투기를 감추기 위한 시설로, 웬만한 폭격에도 견딜 수 있도록 콘크리트로 단단하게 만들어 놓았다. 격납고 벙커는 38개 중 현재 20개가 남아 있다. 또 알뜨르 비행장에서는 자살 특공대인 가미

카제를 양성하기 위한 비행 훈련소로 사용했다.

일제는 제주도를 군사 요새화하면서 송악산 해안 절벽에는 어뢰정을 보관할 수 있는 동굴 진지를 만들어 놓았다. 해상으로 진격해 오는 미군 함대를 향해 자살 특공대가 공격할 수 있도록 구축한 군사 시설이다. 태평양전쟁 말기 패전에 직면한 일제는 소형 선박을 이용한 자살 특공대를 양성해 연합군 함대를 공격하고자 했다. 그래서 제주도를 본토 방어를 위한 최후의 보루로 삼은 것이다.

송악산 해안 동굴 진지는 멀리서 보면 해안 절벽에 파도가 쳐서 만들어진 해식동굴처럼 보이기도 하지만, 이는 일제에 의해 만들어진 인공 동굴이다. 아픔을 간직하고 있지만 동굴 안에서 산방산과 형제섬을 바라보

송악산 동굴진지 | 동굴 안에서 본 삼방산

송악산 동굴진지 | 동굴 안에서 본 형제섬

는 경치는 아름답게 보인다. 나는 일출 시간에 맞춰 동굴을 액자 삼아 산
방산과 형제섬을 넣어 촬영했다. 이런 것을 두고 아픔과 행복은 공존하는
것이라고 하는 것일까?